KB215605

Prayers Plainly Spoken

신학자의 기도

Prayers Plainly Spoken

신학자의 기도

스탠리 하우어워스 지음 · 정다운 옮김

비아
VIA

| 차례 |

시작과 끝 사이에서

끝

이 기도서는 듀크 신학대학원에서 그리스도교 윤리학 수업을 들었던 학생들 덕에 나올 수 있었습니다. 학생들은 제가 기도로 강의를 시작하도록 허락해주었습니다. 이때 드린 기도들을 책으로 묶으라고 권한 학생들(특히 제니퍼 피츠Jennifer Fitts 신부)에게 감사를 전합니다. 그들의 격려가 없었다면 저는 감히 이 기도들을 책으로 낼 생각을 하지 못했을 것입니다. 그러나 용기를 냈다 하더라도 로드니 클랩Rodney Clapp이 없었다면 이 기도들이 어떻게 책이 되었을지 상상도 안 됩니다. 그의 능력과 우정 덕분에 이 책은 나올 수 있었습니다. 이어 서문에서 이야기하겠지만 아내 폴라Paula가 권해준 '탓'에 이 기도는 가능했습니다. 주님을 향한, 그리고 저를 향한 그녀의 사랑을 제가 결코 당연하게 여기지 않기를 기도합니다. 그 두 사랑은, 꽤 다른 방식으로 각기 모두 비범합니다. 그리고 이 기도서를 사랑하는 조엘 애덤Joel Adam, 로라Laura 그리고 애덤 하우어워스Adam Hauerwas에게 선물할 수 있게 되어 너무나 기쁩니다.

신학이란 우리가 주님으로 고백하는 그분과 함께,
그분을 향해, 그분에 관해
말하는 법을 익히는 끝없는 훈련입니다.
기도란 모든 말 중의 말, 그 모든 말의 결정체입니다.

서문

　하우어워스가家 사람들이 가족 모임을 할 때면 언제나 기도를 하는 사람은 제 아버지였습니다. 추수감사절, 크리스마스, 부활절, 결혼기념일, 기타 등등 모든 기념일마다, 다섯 명의 삼촌과 삼촌의 가족들까지 모인 식사 자리에서 함께 수저를 들기 전 사람들은 아버지에게 기도를 해달라고 요청하곤 했습니다. 아버지가 '은총을 구하는 모습'을 저는 사촌들과 함께 경외심으로 바라보았습니다. 그 특별한 과업을 왜 아버지만 했는지는 잘 모르겠습니다만, 나머지 가족 구성원들이 그를 택했다는 것만은 분명합니다. 아무튼 그는 기도를 드렸고, 그 기도들은 제 마음을 울렸던 것으로 기억합니다.

우리 가족은 전형적인 미국 남부 사람들이었습니다. 남부 사람들은 가족 중 적어도 한 사람은 태어날 때부터 기도하는 재능을 받았다고 여깁니다. 어떻게 아버지가 그러한 선물을 받았음을 사람들이 알게 되었는지, 그의 재능이 알려지게 되었는지는 모르겠습니다. 제가 태어났을 때 이미 그것은 가족들 사이에서 기정사실이었습니다. 그가 적임자인지 아닌지를 의심할 이유가 제게는 없었습니다. 가족이 한 자리에 모여 식사할 때마다 그는 기도를 드렸습니다. 교회 모임 후에, 목사님을 초대해 프라이드치킨을 먹는 자리에서도 기도자는 목사님이 아니라 아버지였습니다.

문제는 사람들이 이런 재능이 유전된다고 생각한다는 데 있었습니다. 아버지의 아들로서 저는 '기도하는 재능'이라는 유산의 상속자여야 했습니다. 아버지 하우어워스가 벽돌공이니 아들 하우어워스인 저 또한 벽돌 놓는 법을 알아야 했던 것과 마찬가지 논리였습니다. 벽돌공이 되는 것은 좋았습니다만 '기도자'가 되는 것은 결코 달갑지 않았습니다.

진짜 문제는 제가 기도를 잘 못 한다는 데 있었습니다.

저는 기도에 대해 감을 잡지 못했습니다. 누군가 기도를 해 달라고 하면 30초간 갑자기 '경건'해지라는 요청을 받는 것 같았습니다. 이런 일은 위선적이라고 생각했습니다. 14세 때 신학자로 소명을 받은 후(교회에는 결코 득이 될 게 없던 그 부름)에도 저는 기도를 잘하지 못했습니다. 신학 대학원에 가고, 신학 박사 학위를 받고서도 즉석에서 기도를 드리지는 못했습니다. 기도가 그리스도인의 삶의 핵심, 그리스도인에게 생명을 가져다주는 심장과도 같은 역할을 함을 이해했지만 이른바 '저의 말로' 드리는 기도는 할 수 없었습니다. 교회에서 함께 드리는 기도 없이 살 수 없음을 깨달았지만, 그러한 깨달음과 저의 자리에서, 저의 언어로 기도를 드리는 일은 별개였습니다.

듀크 신학대학원에서 학생을 가르칠 때 제 상태가 그랬습니다. 그러던 중에 (지금은 제 아내가 된) 폴라 길버트 Paula Gilbert는 수업을 시작하기 전에 강단에서 기도를 드려 보는 게 어떻겠냐고 물었습니다. 그때까지 저는 강단에서 기도를 드려본 일이 없었습니다. 어거스타나 대학과 노트르담 대학교에서 학부생들을 가르칠 때 그러한 일은 적절해 보이지 않았습니다. 물론 노트르담 대학교 학부생들은 로마 가톨릭 신자일 가능성이 높았지만 수업을 시작하며 학생들 앞에서 기도를 드리는 행위는 어쩔 수 없이 강압적인 분위기를 조성할 것 같았습니다. 그러나 신학대학원에서, 그것도 필수 과목인 그리스도교 윤리학을 듣는 학생들에게도 기도로 수업을 시작해서는 안 된다고 할 이유가(폴라에게 변명할 말이) 없었습니다. 그녀의 가르침에 순종하는 차원에서 저는 학생들 앞에서 기도를 하기로, 하기 싫더라도 그렇게 하기로 결단했습니다. 이 기도서는 그 결단의 산물입니다.

제게 '그 자리에서 곧바로, 떠오르는 대로' 기도를 드릴 수 있는 깊이가 없음을 저는 잘 알고 있었습니다. 그래서 수업이 있는 날이면 아침마다 시간을 내 기도문을 적었습니다. 그렇게 하는 일이 어떠한 의미가 있는지 모르면서도 그렇게 하기로 했습니다. 얼마 지나지 않아 학생들은 제게 기도를 적어 놓은 노트를 달라고 하기 시작했습니다. 저는 학생들의 요청에 어떻게 답해야 할지 망설였습니다. 저는 기도할 때 저 자신을 지나치게 의식하고 싶지 않았으며, 다른 사람 또한 저라는 사람을 의식하게 하고 싶지 않았습니다. 결국 기도란 기도의 행위 그 자체가 아니라 우리가 기도하는 '그분'을 향해 집중하도록 하는 것이니까요. 그럼에도 제가 드린 기도에 담긴 무언가가 몇

몇 학생들의 마음에 반향을 일으켰음 또한 분명했습니다.

급기야 학생들은 기도들을 책으로 출판해달라고 건의했습니다. 처음에 저는 그 제안을 거부했습니다. '기도서'를 낸다는 것이 영 내키지 않았던 것은 기도한다는 것 자체에 관해 늘 갖고 있던 문제 때문이기도 했습니다. 제가 '경건한 사람'으로 보이고 싶지 않다는 문제 말입니다. 물론 사람들이 저를 경건한 사람으로 여길까 두려워할 이유는 없었습니다. 저는 경건하지 않으니까요. 적어도 저는 '경건한 사람'이라고 하면 사람들이 떠올리곤 하는 그런 모습을 하거나, 행동을 하는 사람은 아니었으니 말입니다. 경배해 마땅한 이, 경배해야 마땅한 것에게 그에 맞는 경배를 올려야 한다고 생각했지만, 이를 위해 '거룩'해지지는 않으려 했습니다. 저는 '거룩함'을 경계했습니다. 오늘날 '거룩함'holiness이란 너무나 자주 종교적인 주장이 참된 길을 벗어났을 때 드러나는 징표이기 때문입니다.

이를테면 기도자가 기도 시 으레 하는 말을 하며 경건한 기도 톤에 '빠지는' 모습을 생각해 보십시오. 그럴 때 좋은 마음을 먹고 집중하려 애써도 우리 마음은 방향을 잃고 헤매기 쉽습니다. 그처럼 '거룩' 공식에 들어맞는 기도가 듣기 힘든 이유는 아마 그러한 기도에서는 기도하는 이의 외적 태도만이 도드라지기 때문일 것입니다. 그러한 기도에서 기도의 '내용'에 집중하기란 어려운 일입니다. 그 순간 우리는 기도 자체보다는 누군가가 기도하고 있다는 사실만을 중시하게 됩니다. 이때 기도는 결국 우리 안에 있는 인간적인 욕구를 확인하는 종교적인 감정의 토로가 되고 맙니다.

몇몇 학생이 이 기도들을 다시 읽고 싶어 했던 이유도 이 기도들이 '거룩'하지 않다는 데 있지 않을까 짐작해 봅니다. 이 기도들은 꾸밈없이 평범합니다. 제 기도가 평범한 이유는 제가 평소에 하는 말과 동떨어진 기도를 드릴 수 없었기 때문입니다. 저는 기도하며 평소 저와 다른 정체성을 갖지 않으려 했습니다. 기도할 때만 다른 모습을 하는 것은 잘못이라고 생각했습니다. 또 저는 주님께서 그러한 저의 있는 그대로의 모습을 감당하시리라 판단했습니다(지극히 텍사스 사람다운 생각이지요). 주님은 우리의 보호를 필요로 하는 분이 아니니 말입니다. 수 년 동안 교회에서 시편으로 기도를 드리며 저는 이 사실을 분명하게 배웠습니다. 그분은 우리가 교회 밖에서는 다른 삶을 살다가 교회로 올 때는 가면을 쓰고 그분 앞에 나오기를 원하지 않으십니다. 이 때문에 저는 기도를 하면서 부러 경건하려 애쓰거나 경건한 언어를 쓰지 않으려 했습니다. 저는 일상의 말로 평범하게 말하려 했습니다. 물론 그러면서도 이 기도가 사람들에게 다소간 호소력이 있었으면 했지요. 평범한 말보다 더 호소력 있는 언어는 없으니 말입니다.

기도들의 성격에 관하여

이 기도들이 '평범한(일상적인)' 말로 되어 있다는 것이 아무런 '생각' 없이 즉흥적으로 행해졌다는 뜻은 아닙니다. 그런 척한다면 이 또한 솔직하지 못한 일일 것입니다. 저는 신학자입니다. 일생 아우구스티누스Augustine of Hippo, 아퀴나스Thomas Aquinas, 루터Martin Luther, 칼뱅Jean Calvin, 바르트Karl Barth, 웨슬리John Wesley를 읽는 데 많은 시간을 보내는 특권을 누렸습니다(주님 저를 도우소서). 그들에게 아무것도 배우지 않았다고 말한다면, 또한 신학자는 아니나 훌륭한 그리스도인으로 살아가고 있는 이웃들에게 제가 아무것도 배운 바가 없다고 한다면, 그들에게 아무런 영향도 받지 않았다고 한다면 저는 모든 피조물 중에서도 가장 배은망덕한 존재일 것입니다. 그들이 제 기도를 다 들어 주어 이렇게나마 기도를 드릴 수 있었습니다. 이 기도서를 내놓으면서 '그저 한 사람의 그리스도인'이 되고 싶었다고 말한다면 이 또한 거짓 겸손일 것입니다. 거짓 겸손은 그저 거짓일 뿐입니다. 물론 저는 '한 사람의 그리스도인'입니다만, 교회가 배려해 준 덕에 시간과 배움이라는 특별한 선물을 받은, 그 선물을 나눌 특정한 책임을 가진 신학자이기도 합니다.

신학자가 교회를 위해 기도하거나, 기도문을 쓰는 일은 매우 위험한 일입니다. 엄밀한 신학 훈련을 받은 신학자는 특정한 신학적 관점을 기도에 담고 싶은 유혹에 빠지기 쉽습니다. 더 나아가서는(이편은 더 나쁩니다) 부러 기도로 논쟁을 하고픈 유혹에 들기도 쉽습니다. 이는 현대 신학의 기이한 특성을 보여주는 징후입니다. 현대성에 빠진 신학은 자신에게 주어진 과업이 그리스도인이 믿는 진리를 해설하는 데 있다고 믿고, 어느 정도는 그 해설이 믿음 그 자체보다 더 참되다고 여기기까지 합니다. 그러한 신학은 교회의 종이 아니라 주인이 되려 합니다. 저는 그러한 신학 작업을 비판했지만 이 기도서로 인해 바로 그 비판의 대상에 오르게 되었습니다. 우리는 너무나 자주 자신이 반대하는 바로 그 일을 하곤 하지요.

그럼에도 저는 이 기도서에 담긴 기도들이 그리스도인

이 된다는 것이 무엇을 뜻하는지에 관해 제가 배운 바를 반영하기 바랍니다. 제게는 언제나 기도를 가르쳐 준 좋은 선생들이 있었습니다. 제가 쓴 책을 읽은 누군가가 이 기도서에서는 저의 신학적인 고민과 흔적을 찾을 수 없다고 말한다면 매우 곤혹스러울 것입니다. 신학이란 우리가 주님으로 고백하는 그분과 함께, 그분을 향해, 그분에 관해 말하는 법을 익히는 끝없는 훈련입니다. 기도란 모든 말 중의 말, 그 모든 말의 결정체입니다. 모든 신학은 결국 우리가 그리스도인이 되도록, 기도를 드릴 수 있도록 도와야 합니다. 그러니 이 책은 독특한 방식으로 제 신학 작업을 검증해볼 수 있는 중요한 잣대가 될 것입니다.

스탠리 하우어워스라는 사람의 신학을 이 책을 통해 처음 접하는 이들이 많았으면, 아니 이 책을 읽는 독자 대부분이 그랬으면 좋겠습니다. 물론 이 기도서를 읽기 위해, (제 바람대로) 이 기도서로 기도하기 위해 제 '신학적 입장'이 어떠한지를 알 필요는 없습니다. 예수 그리스도를 통해 자신을 드러내신 그분을 예배하고자 하는 열망, 그리스도인의 공통된 열망이 있는 이라면 누구든 이 기도서에 담긴 기도들로 기도할 수 있기를 간절히 바랍니다. 이 기도서를 읽은 누군가가 제가 쓴 다른 책들까지 읽게 된다 해서 제가 그 일을 굳이 반대하지는 않겠지만, 그럴 필요는 없다고 생각합니다. 이 책에 실린 기도들을 이해하기 위해 제가 평소에 생각하는 바, 저의 신학을 꼭 알아야 한다면 이 기도들은 기도로서의 가치가 없겠지요.

이 기도들은 대부분 대학원 수업을 시작하면서 드리기 위해 기록한 것들이지만, 그렇다고 해서 '학문적인' 기도는 아닙니다. 물론 이 기도들은 그리스도교 윤리학 수업을 열면서 드리는 기도였으므로 종종 그날 수업 시간에 할 내용과 관련이 있기도 했습니다. 그러나 수업은 교회의 전례를 따라 구성되어 있었기 때문에 교수나 신학생들만 갖고 있는 관심사에 한정된, 특정한 기도는 아니었습니다. 교실 안이든 밖이든 우리 삶에는 모두 시작과 끝이 있으며 우리는 그 사이를 '힘겹게 헤쳐나가고' 있습니다.*

한편 이 기도서에 실린 기도들은 어느 정도 그날 수업에서 다루는 내용(이를테면 성경 본문이나 설교)을 참조했으나 동시에 당시 세상에서, 혹은 우리가 속한 공동체에서 일어난 일들을 반영하고 있습니다. 전쟁이 발발하고, 태

---

* 저는 이러한 이야기를 확장해 쓴 바 있습니다. *In Good Company: The church as Polis* (Notre Dame, Ind: University of NotreDame Press, 1995), pp.153~168.

풍 프랜이 대대적인 파괴를 일삼고, 학생 중 한 명이 자살하고, 누군가의 부모님이 세상을 떠나고, 동료 교수가 유명을 달리하고. 교수진이 신학대학원 공동체를 배신하는 일련의 사건들 속에서 이 기도들은 드려졌습니다.

그러니 이 기도는 그저 교실에 국한된 기도가 아닙니다. 제가 기도하는 잡다한 일들은 우리 모두의 삶에서 일어나는 그런 일들입니다. 기도가 우리 삶과 떨어져 있지 않음을 이 기도들은 보여줍니다. 당연하지만 대학에서의 삶, 한 신학대학원에서 일어나는 일 역시 어김없이 우리 삶의 모양을 하고 있습니다. 출생, 신실함과 부정, 진실과 거짓, 용서와 책망, 성, 평화, 폭력, 아름다움과 추함, 청춘과 늙어감, 죽어감과 죽음, 무엇보다도 이 모든 일에 함께하시는 주님… 이 모든 일은 그분을 예배하도록 우리에게 주어진 것입니다. 전례를 통해서 윤리를 가장 잘 배울수 있는 것도 바로 이 때문입니다.

기도서에 수록된 모든 기도가 수업 시간에 드린 기도는 아닙니다. 이를테면 여기에는 그리스도교에서 고백하는 주님이 아닌 모호한 '신'에게 감사를 표해야 했던(그곳에 모인 청중 대다수가 그리스도교인이 아니라는 이유로 말입니다), 그처럼 곤란한 상황에서 드린 기도가 포함되어 있습니다. 저는 그 자리에서 대표 기도를 해 달라는 요청을 수락했고, 궁극적 모호함이 아닌 그분, 즉 주님께 기도를 드렸습니다. 저는 그렇게 제 나름의 방식으로 딜레마를 풀었습니다. 그러한 상황에 놓일 때 어떤 완벽한, 그리고 모두를 만족시킬 수 있는 해결책이 있다고는 생각하지 않습니다. 저는 동료 그리스도인들에게는 위와 같은 시민 종교 의례에서는 대표 기도를 맡지 않는 것을 추천합니다. 모호한 '신'에게 드리는 모호한 기도는 실상 누구도 제대로 섬기지 못하니 말이지요. 저의 제안으로(어쩌면 기도로 인해) 제가 속한 대학교에서는 더는 모호한 기도를 드리지 않게 되었습니다(대신 잠시 침묵의 시간을 가집니다).

이 기도서에 수록된 기도들의 한 가지 특징이 있다면 (바라기로는) 그분께서 우리 기도를 듣고 싶어 하신다는, 그분이 듣고자 하시는 기도가 바로 우리의 언어, 우리의 삶에서 나온 언어로 드리는 기도라는 것을 아는 데에서 나오는 용기일 것입니다. 우리는 그분께 그 무엇도 숨길 수 없고 그러려 해도 그럴 수 없습니다. 주님은 우리의 울부짖음을, 외침을 듣고자 하시며 우리가 이해한다고 여기는 것과 이해하지 못하는 것에 관해 이야기하기를 바라십니다. 우리는 우리에 앞서 기도한 이들이 드렸던 기도에 참여함으로써 이를 배울 수 있습니다. 이 때문에 저는 기도를 드리며 성경에 나오는 선조들의 이야기에 참여하려 애썼습니다. 이를 통해 우리가 이 세상을 향한 그분의 전능하신 기도에 참여하는 위대한 동반자가 될 수 있다고, 그분께서 하시는 활동의 일부가 될 수 있다고 믿기 때문입니다.

게다가 성경의 이야기들은 우리가 주님께 말하는 법을 발견하도록, 그리하여 우리가 상상하지 못했던 방식으로 우리 삶을 달리 묘사하도록 우리를 이끕니다. 저에게는 시적으로 말하는 기술이나 재능이 없습니다만, 올바르게 드린 기도는 우리가 알 수 없는 것을 알도록 우리를 이끈다고 확신합니다. 이 기도서에 수록된 한 기도에서 저는 "많이 애써야 하나 막상 하고 보면 별달리 애쓸 필요도 없을 만큼 … 자연스러운 일"이라는 표현을 쓴 바 있습니다. 이는 기쁨으로 기도하는 사람이 될 수 있음을 발견한 후에야 쓸 수 있는 표현입니다. 애써야 하나 애쓸 필요가 없는 일이라는 말은 일상에서는 역설 같으나 기도에 관해 말할 때는 완전히 적절한 주장이 됩니다. 이 기도서를 읽는 분들이 기도의 언어가 풍요로워지면 삶도 풍요로워짐을 발견하게 되기를 바랍니다. 삶이란 결국 기도이기 때

문입니다. 이 바람이 기도서를 출간한 유일한 이유, 출간
을 정당화할 수 있는 유일한 이유입니다.

조엘을 위한 기도

영악한 독자들은 이미 알아챘겠지만, 저는 아직 이 기
도서를 출간하기로 한 결정적이고도 직접적인 이유를 언
급하지 않았습니다. 실은 1998년 3월 25일 수태고지 축일
에 태어난 조엘 애덤 하우어워스가 그 이유입니다. 조엘
은 제 손자입니다. 저는 이 아이에게 그가 태어난 전통,
예수 그리스도의 교회라는 전통을 어떤 식으로든 전해
줄 수 있기를 바랐습니다. 그것이야말로 제가 이 아이에
게 주고 싶은 선물입니다. 이는 가족 중 누군가는 기도하
는 재능을 갖고 있어야 한다고 여겼던 문화적 습관이 제
나름대로의 방식으로 발현되는 것일지도 모릅니다. 이처
럼 불확실한 시대에 기도서를 선물이라며 들이민다는 것
은 조엘의 삶을 제 식으로, 제가 속한 문화 속으로 이끌려
는 절박한 시도일지도 모르지요. 그러나 우리를 그리스도
인으로 만드는 것은 그와 같은 절박함이 아니라 기쁨입니
다. 물론 저는 조엘이 그리스도인이 되기를 바랍니다. 그
러나 제가 이를 보증할 수 없음을 저는 잘 알고 있습니다.

조엘이 할아버지가 신학자임을 안다 해도, 더 나아가 제가 쓴 신학책을 읽는다 해도 그런 앎이 이 아이를 그리스도인으로 만들지는 못할 것임에 틀림없습니다. 신학은 늘 너무 많은 설명을 낳을 뿐입니다. 이러한 것들을 숙고하며 저는 어떻든 이 기도서를 출간해야겠다고 마음먹게 되었습니다. 제가 조엘에게 줄 수 있는 것이 있다면, 그것은 이 기도들뿐일 것입니다.

이 기도서가 손자에게 줄 수 있는 최고의 선물인 까닭은 이 기도들이 저의 소유물이 아니라는 데 있습니다. 이 기도들이 '우리'의 기도가 되기를 바랍니다. 오늘날만큼이나 이상했던 과거에도 그리스도인들은 이러한 방식으로 기도를 배웠습니다. 물론 조엘은 우리가 기도해야만 했던 것과는 다른 것들을 기도하게 되겠지만, 이 같은 작업을 통해 그 아이가 무언가 배우게 되기를 진실로 소망합니다. 그 밖에 무엇을 더 바라고 또 기도하겠습니까?

이 기도들이 '우리'의 기도가 되기를 바랍니다.

시작

거듭나게 하사 두려움이 없게 하소서

넘쳐흐르시는 주님,
당신의 영으로 우리를 씻겨 주소서.
그렇게 당신의 생명을 담은 방주가 되게 하셔서
폭력이라는 바다 한 가운데서도
당신의 평화를 드러내게 하소서.

물은 생명의 원천입니다.
물은 더러운 것을 씻어줍니다.
그리고 물은 생명을 앗아 갑니다.

우리는 물을 두려워한 나머지
일시적인 대피처로 만든 방주를
영원한 집으로 삼으려 합니다.
그러나 이때 당신께서는
방주를 떠나라고 명령하십니다.
우리의 힘으로는 그리할 수 없으니,
당신께서 주신 세례를 기억하게 하소서.

세례를 받던 순간 우리가 그 물에서 죽었음을,

또 거기서 성령의 불로 다시 살아났음을 기억합니다.

이 기억을 붙들게 하소서.

우리를 거듭나게 하사 두려움이 없게 하소서.

아멘.

살아있게 하소서

주님,

우리가 진짜 살아있는 것인지요?

물론 우리는 때로 고통과 슬픔을 느낍니다.

때로는 행복해하기도 합니다.

울고, 흐느끼며 웃기도 합니다.

하지만 이런 것들이 우리가 살아있다는 징표인가요?

아니면 실제로는 죽었으나

생명이라는 가면을 쓰고 꿈틀대고 있을 뿐인지요?

이런 우리를 위해 당신께서

당신의 아들을 내어 주셨다는 것도,

그분의 선한 죽음을 통해 세례를 받게 하셨다는 것도,

그 세례를 통해 우리에게

새로운 생명을 주신다는 것도,

우리는 믿기가 힘듭니다.

실은 어떻게 그렇게 된다는 것인지

이해할 수도 없습니다.

그러나 당신은 그런 방식으로
사실상 죽어 있던 우리에게 생명을 주십니다.
우리의 통곡, 흐느낌, 웃음을 진짜로 만드셔서
다른 이들을 섬기게 하십니다.

이제 눈물 젖은 무덤에서 우리를 일으키시어
우리로 하여금 외치게 하소서.
"예수 그리스도께서는 우리의 주님이시다!"
그리하여 이 생명 넘치는 세상이
생명을 주시는 당신을 보고
당신의 사랑을 알게 하소서.
아멘.

내가 드리는 기도에 관하여

은총이 가득하신 주님,

기도라는 선물을 주셔서 감사합니다.

당신께 기도드릴 수 있다는 것은

얼마나 특별한 일인지요.

당신 앞에 우리가 짊어진 짐을 내려놓고,

걱정을 풀어 놓고,

비통과 슬픔을 털어놓을 수 있다니 말입니다.

하지만 여전히 저는 기도하기가 버겁습니다.

기도하는 중에도 계속 이런 생각이 듭니다.

'내가 뭐라고 기도를 한단 말인가?'

하지만 이 물음이 거짓 겸손이라는 것도

저는 알고 있습니다.

이러한 물음은 제가 저 자신의 주인이 되려는

교만한 욕망을 숨기려는 질문일 뿐입니다.

이제 순전한 기쁨으로 기도드립니다.

우리가 서로를 위해 기도하게 하사,

당신의 기도가 우리를 통해 이루어지게 하소서.

아멘.

간청을 가르쳐 주소서

사랑하는 예수여,
당신의 영을 보내 우리 위에 임하게 하소서.
우리에게 기도하는 법을 가르쳐 주소서.

우리는 기도가 어렵습니다.
기도하기 위해서는 많이 애써야만 합니다.
그러나 막상 하고 보면 별달리 애쓸 필요가 없어지고
자연스러운 일이 됩니다.

그럼에도 우리는 기도하기를 좋아하지 않습니다.
기도란 당신께 자존심 없이 비는 일 같기만 합니다.
하지만 그렇기에 우리가 자신을 내세우지 않고
당신께 비는 법을 배워야 하는 것일테지요.
그러니 너그러우신 당신의 영이
우리에게 비는 법을 가르쳐주시기를 기도합니다.
우리의 삶이 기도로 이루어져있음을
발견할 수 있도록 도와주소서.

그리하여 우리 한 사람 한 사람이
당신의 나라에서 울려 퍼지는,
영광스러우면서도 기쁨 가득한
하나의 기도가 될 수 있게 하소서.
이러한 기도에 안식할 수 있도록 도우시고
당신의 백성이 된 것에 만족하게 하소서.
더는 살인하지 않게 하소서.
아멘.

살인적인 문명에 관한 기도*

사랑하는 주님,
오늘날 우리의 삶은 과거 우리의 조상들이 행한
무수한 살인 위에 서 있습니다.
문명은 언제나 그렇듯 살인자들이 세웁니다.
우리네 삶이 이 살인들에 빚을 지고 있다는 것은
당혹스러우면서도 우울한 일입니다.

이에 우리는 당신, 혹은 세상의 심판이 두려워
"그건 다 지난 일"이라고 말하고 싶어 합니다.
우리는 심판이 우리를 향하고 있음을 알기에,
우리가 남을 판단함에 따라 남 또한 우리를 판단함을
알고 있기에 두려워합니다.

---

*   이 기도는 크리스토퍼 콜럼버스Christopher Columbus의 미국 '발견'을 기념하는 500주년 행사에서 드린 기도다.

그러나 우리가 아닌 것은 아니라고
말하는 법을 익히게 하소서.
우리로 하여금 말하게 하소서.
"그럼에도 우리가 저지른 일,
저지르고 있는 일은 잘못입니다. 우리는 죄인입니다."
사랑을 담아, 분명하게 이 말을 하게 하소서.
아멘.

둔감함에서 우리를 구하소서

오직 한 분이신 우리 아버지,
우리 주 나자렛 예수, 곧 십자가에 달리신
당신의 아들 앞에 있던 마리아처럼
우리를 겸손케 하소서.
그리하여 성령을 통해 우리가
하나의 몸인 교회에 참여하게 하시며
그렇게 세상을 향한 당신의 권능이 깃든
기도가 되게 하소서.

은총이 가득하신 주님,
이 세상을 비추는 당신의 은총은 너무나 놀라워
우리를 두려움에 떨게 합니다.
하지만 이 은총이야말로 우리를 지탱하고 있음을
우리는 알고 있습니다.
그러니 이 길을 처음 걷기로 결단케 했던
그 용기를 언제나 내려 주시기를 기도합니다.

우리 삶과 마음을 꿰뚫고 들어오셔서
우리를 둘러싼, 그리고 우리 안에 있는
두려움과 질투를 강탈하소서.
그리하여 우리가 서로를 신뢰하는 가운데
진리의 작은 조각들을
발견해 나가는 길에 서게 하소서.
이 모든 진지한 일이 이루어지는 가운데서도
당신께서 함께 하신다는 사실에서 나오는
기쁨과 웃음이 우리의 얼굴에 번지게 하소서.
그리고 당신을 위하여
우리를 둔감함에 빠지지 않게 하소서.
아멘.

그분을 닮아가게 하소서

진리의 영이시여,
예수의 삶을, 예수라는 생명을 바라보게 하셔서
우리를 향한 당신의 뜻을 깨닫게 하소서.

그분을 닮아, 당신의 선한 법을
가르치는 이가 되게 하소서.
그분을 닮아, 기적과도 같은 치유를 행하게 하소서.
그분을 닮아, 당신의 나라를 선포하게 하소서.
그분을 닮아, 가난한 사람과 버림받은 사람,
어린 아이들을 사랑하게 하소서.
그분을 닮아, 자신들의 방식을 따라 살라는
세상의 유혹에 침묵하게 하소서.
그분을 닮아, 고난을 감수할 수 있게 하소서.

당신의 아들이었던 그는 우리와 닮지 않았으며
우리는 결코 온전히 그처럼 될 수 없음을 압니다.
그와 우리의 '다름'을 소중히 여기고
그의 부활을 통해 새로워진 삶,
새롭게 받은 생명에 기대어
그를 닮아가게 하소서
아멘.

한 평범하지만 아름다웠던 삶을 기억하며*

주님,

우리는 당신께 너무나 자주

평범한 삶을 비범하게 만들어달라고 기도합니다.

이름 없이 살아가는 것을,

평범한 약속들을 신실하게 지켜나가는 삶을

두려워하기 때문입니다.

우리는 본래 모습보다 더 나은 모습으로

다른 이들에게 기억되기를 바라고

때로는 억지로라도 다른 이들이

그렇게 생각하게끔 만들려 합니다.

이에 당신께서는 우리에게

완다 캠프 같은 이가 살았던

---

* 완다 캠프Wanda Camp는 듀크 대학교 종교학과에서 오랜 시간 행정
  비서로 일했다. 학내 구성원들은 그녀에게 많은 것을 의지하면서
  도 이를 너무나 자주 당연시하곤 했다. 그만큼 그녀는 훌륭한 사람
  이었다. 또한 그녀는 수년간 용감하게, 그리스도인답게 웃음을 잃
  지 않고 암과 싸웠다.

평범하면서도 아름다운 삶을
마주하게 하셨습니다.

그녀는 자신을 내세우지 않고
묵묵히 다른 이들을 섬겼으며
이를 기쁨으로 여겼습니다.
그녀가 이 세상을 떠났다는 사실이 슬픕니다.
그러나 동시에 우리는 기쁩니다.
작지만 강인한 그녀가
당신을 따르는 성도들의 공동체를
풍요롭게 함을 알기 때문입니다.

이 세상에서 그녀가 그러했듯
우리도 다른 이들을 섬기는 종이 되게 하시며
그 이상의 삶을 구하지 않도록 도우소서.
그러한 삶을 허락하심에 감사드립니다.
아멘.

가면을 벗는 삶

모든 생명의 주인이시여,
우리는 우리가 누구인지도 모르는 채로
당신 앞에 나왔습니다.
그 와중에도 우리는 당신에게
알량한 자존심을 내세우며
다른 사람들에게도 자신감 있는 척하려 애씁니다.
그렇게 우리는 남에게 보이고 싶은 가면을
실제 우리 자신으로 착각합니다.
이같은 가면 놀음에서 우리를 구해 주소서.

당신을 신뢰할 때 당신께서는
우리가 상상하지 못한 방식으로
우리가 누구인지를 보여주시고,
참된 우리 자신으로 빚어내십니다.

당신의 가르침을 익히게 하소서.
『고백록』을 썼던 아우구스티누스처럼
당신의 사랑으로 지금까지 살아온 삶을
다시 돌아보게 하소서.
그렇게 우리가 가진 상처와 우리의 기쁨을
한데 모아 고백하게 하소서.
우리의 삶이란 궁극적으로 오직 당신께 드리는
기도임을 깨닫게 하소서.
아멘.

어린아이의 눈을 주소서

빛 중에 참 빛이시며
모든 참된 것의 근원이 되시는 주님,
우리에게 맑은 눈을 주소서.
죄로 가득하며, 당신께 반역을 저지르는
이 끔찍한 세상을
우리가 보고 싶은 모습, 우리가 바라는 모습이 아닌
있는 그대로 바라 볼 용기를 주소서.
자기애에 도취된 우리를 깨우소서.

우리의 눈은 이에 가려졌으며
그렇기에 아무것도 이해하지 못합니다.
아이와 같이 맑고 순결한 눈으로
이 세계를 보게 하소서.
그리하여 당신께서 창조하신
본래 세계를 보게 하소서.
흔한 돌에서도 아름다움을 볼 줄 알게 하소서.

당신의 영광은 불타올라

당신께서 창조하신 피조물들이 빛을 발하게 하시니

당신의 불로 우리를 이끄소서.

당신의 영광으로 우리를 타오르게 하소서.

우리를 구원하셔서 빛을 발하게 하소서.

그 빛을 이 세상을 위한 당신의 빛이 되게 하소서.

아멘.

시간의 창조주께

우리의 탄생부터 죽음까지
모든 시간의 주인 되시는 아버지,
당신만이 우리에게 시간을 선물로 주시며
우리가 기원이 있는 피조물임을 기억하게 하십니다.

우리는 우리가 시간에 매인 피조물임을
자주 잊곤 합니다.
죽음이 불러오는 망각이 두려워 미친 듯이 일을 하며
그렇게 하면 잊히지 않을 것이라고,
시간에 우리의 자리를 매김할 수 있으리라고
장담합니다.
아무런 목적도 없이
개미탑을 쌓고 있는 우리의 모습이
당신 보시기에 얼마나 어리석어 보일런지요.

부디 당신께서 창조하신 시간,

거룩한 당신의 몸이 임하신 시간,

예수의 부활을 통해 구원이 임한 시간 속에서

우리가 기쁨과 안식을 누리게 하소서.

그리하여 죽음을 맞이할 때에도

편히 안식하게 하여 주소서.

이 세상에서 우리에게 시간을 주신 분은

당신이십니다.

그 시간 속에서 우리가 기뻐하게 하소서.

아멘.

바다와도 같은 삶에서
당신의 뜻을 헤아리기를 간구하며

물을 다스리시는 주님,

당신은 우리를 정해진 길 없는 바다에

방향키도, 저을 노도 없으며 물이 새는 배 위에

놓아두셨습니다.

말이 좋아 방향키도 없다고 한 것이지

실제 문제는 더 심각합니다.

방향키가 있다 하더라도

우리는 어디로 가야할지 모르니 말이지요.

좀 더 근본적으로 우리는 방향이라는 게

있는지 조차 확신하지 못하며

방향이 있더라도 어느 방향으로

가야할지 알지 못하니

어디론가 가야 한다는 우리의 바람조차

신뢰할 수가 없습니다.

그렇게, 우리는 길을 잃었습니다.

이것이 어쩌면 당신 때문이라는 생각이 들어
당신을 원망합니다. 당신을 탓합니다.
그럼에도 당신은 우리가 자기 연민과 원망이라는
늪에 빠지지 않게 해주십니다.
오히려 당신은 우리가 당신의 선한 나라에
빠지게 하십니다.
우리 주 예수의 죽음과 부활에 참여하게 하십니다.
당신의 교회, 그 위대한 방주의 구성원이 되도록
우리를 빚으십니다.
그리고는 바다 위 방주를 사랑의 바람으로 움직이셔서
우리가 안전하다고 여기던 해안으로부터
우리를 떼어놓으시더니
물에 빠져 허우적거리는 이들을
방주에 태우게 하십니다.
놀랍게도 많은 사람을 태울수록
이 방주는 덜 붐비게 되고 우리는 안전해집니다.

주님, 우리가 흔들림 없는 항해자가 되게 하소서.

미지의 것을 두려워하지 않게 하소서.

우리를 바다에 두신 당신의 뜻을 헤아리고

익히게 하소서.

그렇게 우리를 빚어가심에 감사를 드립니다.

아멘.

수업을 시작하며 드리는 기도

우리의 탄생부터 죽음까지

모든 시간을 주관하시는 주님

이 순간을 당신께 드립니다.

이 시간에도 우리가 당신께서 뜻하시는 바를 따라

주어진 몫을 감당케 하소서.

이 시간은 우리가 창조할 수 있는 것이 아니오니

당신께서 하신 일을 기뻐하게 하소서.

당신의 시선으로 보면

하나의 먼지와 같은 이 시간에도

당신께서는 우리를 당신의 나라로

인도하실 수 있으며

당신의 목적에 맞게 우리를 참여케 하실 수 있음을

깨닫게 하소서.

당신 나라의 시민인 우리는

서로를 필요로 하는 존재임을 깨닫게 하시고

그러한 과정을 통해 무엇이 진실로 참인지를 깨닫는

겸손을 내려주소서.

우리는 겁에 질린 상태입니다.

당신이 우리를 겁먹게 하셔서가 아니라

우리가 이 시간에 과연 온전히 참여할 수 있을지,

이에 합당한 존재인지 두렵기 때문입니다.

선생이라고는 하지만 저도 겁에 질려 있습니다.

아는 대로 행동해야 하며, 학생들의 삶을 변화시키면서

저의 삶 또한 변화해야 함을 알기 때문입니다.

저는 변하고 싶지 않습니다.

그러나 우리가,

학생과 선생 모두가 당신께 사로잡힌 것은

우리가 당신을 잡았기 때문이 아니라

당신께서 우리를 붙잡으셨기 때문임을 알고 있습니다.

당신께서 창조하신 이 낯설고도

기이한 세계로 나아갈 때

감사와 기쁨에서 우러나오는 선한 웃음을 허락하소서.

여정을 시작하는 우리에게 진실을 직시할 용기를 주소서.

결국 당신께서는 모든 것의 끝이시기에

모든 처음에도 당신이 계심을 기억하게 하소서.

아멘.

시작과 끝
사이에서

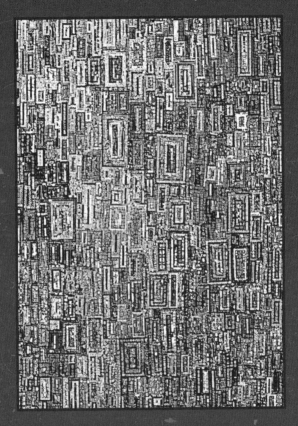

너무나 많은 이가 아무런 목적도 없이 살아가는 이 세상에서
찬미라는 선한 활동을 우리에게 맡기신 당신을 찬미합니다.
할렐루야, 아멘.

진실하게 하소서

사랑하는 주님,
우리는 당신께 우리 삶에 침입하시어
우리 자신도 미처 알지 못하는
마음 속 비밀을 헤아려 달라고 청하곤 합니다.
하지만 실은, 우리는 이를 바라지 않습니다.
우리가 진정 비밀스레 외치고픈 말은
'우리의 진정한 모습을 드러내지 마소서' 입니다.
당신께서 우리를 지금 이 상태로,
환상에 빠진 상태로 놓아두시기만 하면
우리는 우리가 괜찮은 사람이라고,
적어도 다른 사람보다는 낫다고
착각하며 살아갑니다.

네, 우리는 이러한 환상에 갇힌 삶을
뭐라고 하는지 압니다. 바로 지옥이지요.
이러한 지옥에 갇힌 이들이
우리 주변에는 너무나 많습니다.

거짓말을 할 능력조차 없는,
자기기만 밖에 모르는 영혼들입니다.

사랑하는 주님,
이러한 지옥에 갇힌 이들을(우리가 그 중 하나라면 더더욱)
불쌍히 여기시고 자비를 베푸소서.
이러한 삶은 외롭고 끔찍하기만 합니다.
생각을 깨우시고 뒤흔드셔서 진실하게 하소서.
그 진실에 고통이 따르더라도 그리하게 하소서.
진리 없는, 당신 없는 삶은 사실상 죽은 것입니다.
우리는 너무나 자주 다른 이들의 좋은 평판을
얻고픈 야망에 허울뿐인 친절을 베풉니다.
이 상냥함에서 우리를 구해 주소서.
정말 해야 할 말을 하기보다는
남이 듣고파 하는 말을 하고픈 유혹에서
우리를 구해주소서.
당신의 진리로 살아가는 것은 결코 녹록치 않으나
진리 안에 있는 사랑이 아닌 사랑은
저주에 불과함을 기억케 하소서.

사랑으로 포장된 거짓은
폭력의 다른 이름일 뿐입니다.
당신을 위하여, 이 세상을 위하여
진실하게, 정직하게 말할 수 있는
사랑과 용기를 주소서.
그리하여 이웃과 당신께서 주시는
참 평화를 누리게 하소서.
아멘.

동료 피조물들의 존재에 감사하며

마리아의 태에서 나오신 주님,

당신께서 지으신 피조물에게

당신이 결코 싫증 내지 않으신다는 사실은

얼마나 놀라운지요.

이 약동하는 세계를 창조하신 당신,

이 세계를 통해 우리를 살게 해주신

당신을 찬미합니다.

이토록 총 천연색(특히나 연초록빛)으로 가득 찬 세계를

이토록 다채로운 피조물들(아르마딜로 같은 신기한 동물들)과

이토록 (당신의 말씀과 성사처럼) 신비로운 활동으로

가득한 세계를 창조하여 주셨음에 감사드립니다.

이 세계가 품고 있는 경이로 인해

우리는 만물이, 모든 일이 우리에게 달려 있다는

자기도취에서 벗어납니다.

그렇게 당신은 우리를 구해주십니다.

이 모든 경이로움의 한 복판에서

우리가 서로를 섬기게 해 주심에,

모든 선한 일을 할 수 있도록

허락하심에 감사드립니다.

읽고 쓰는 것을 업으로 하는 우리에게

사무실을 청소해주는 애니와 진, 돈, 세드릭,

실베스터, 레시, 도널드와 같은 관리인들,

공부하는 데 필요한 시간과 공간을 마련해 주려

애쓰는 모든 분을 선사해주심에 감사를 드립니다.

그들의 친절한 삶 또한 경이로우며

이 덕분에 우리는 겸손해집니다.

제가 하는 일이 그들의 평범하지만 놀라운 삶을

증언할 수 있도록 인도해주소서.

아멘.

찬미라는 선한 일

한 목수의 아들,
십자가에 처형된 그를 통해 피조물을 통치하시며
우리 같은 사람들을 부르시더니
당신 나라의 일꾼으로 삼으시는 이상하신 주님,
우리는 일하기를 바라나,
우리가 하는 일이란 너무나 자주
하릴없이 분주해지는데서 그치곤 합니다.
그렇게 바쁘게 움직이다보면
당신께 도움이 될 수 있으리라고 착각합니다.
이러한 분주함은 적어도
우리의 권태를 감추어 주기에
우리는 계속 분주함 속에 머무릅니다.

그러나 분주하게 사는 것이 실은 당신의 뜻이 아니며
오히려 당신은 우리를 기도라는 선한 활동으로
이끄심을 압니다.
그러니 우리를 도와주셔서

분주한 중에도 기도하는 법을 배우게 하시고
우리가 하는 모든 일,
우리가 살아가는 매 순간을 통해
당신께 영광을 돌리게 하소서.

너무나 많은 이가 아무런 목적도 없이
살아가는 이 세상에서
찬미라는 선한 활동을 우리에게 맡기신
당신을 찬미합니다.
할렐루야, 아멘.

질투하시는 주님께 드리는 기도

질투하시는 주님,

이스라엘 백성이 그랬듯

우리가 '선택받은 백성'이라는 것이

지칠 때가 있습니다.

가끔은 그냥 우리를 좀 내버려 두실 수 없는지요?

때로는 '그리스도인'으로 산다는 것이 버겁습니다.

인생은 고단하기만 하고

제 하루를 건사하기에도 피곤한데

또 다른 책무가 더해진 듯 느껴집니다.

그럴 때 이렇게 말하고 싶어집니다.

"우리를 좀 내버려 두십시오."

그러나 당신은 이 요구를 가차 없이 거절하십니다.

당신은 결국, 질투하시는 분이시기 때문입니다.

당신은 뜻하신 시간에

당신의 교회로 우리를 모으셔서

몽상에 잠긴 채 투덜대는 우리를 흔들어 깨우십니다.

그렇게 우리가 모였으니,

당신의 영으로 우리를 감화시키셔서

결코 지루해하며 살지 않게 하소서.

당신의 진리, 그 선함과 아름다움 안에서

기다리며 안식할 힘을 주소서.

아멘.

어리석은 세상을 위한 기도

이스라엘의 거룩한 분이시여,
아브라함과 사라를 우르에서 부르시고
자기의自己義에서 우리를,
세상의 나라에서 당신의 교회를 부르신 분이시여,
당신은 우리를 다르게 만드셔서
그 '다름'으로 이 세상을 구원하게 하십니다.

그러나 우리는 너무나 자주 그 '다름'으로
어리석고 우스꽝스러운 세상을
비웃는 유혹에 빠집니다.
물론 이 세상은 어리석고 우스꽝스럽게
돌아가고 있습니다.
그러나 우리가 바로 그 세상에 있음을
우리 또한 어리석고 우스꽝스럽다는 사실을
결코 잊지 않게 하소서.

이웃을 향한,

그리고 우리 자신에 대한 어리석은 판단을

당신의 사랑으로 새롭게 빚어주셔서

함께 구원을 얻게 해주소서.

그렇게 우르에서 벗어나는 여정을 이어가는

당신의 백성이 되게 하여 주소서.

아멘.

은총의 침략을 간구하며

주님,

화가 납니다. 또 두렵습니다.

당신께서는 평화를 위하여 우리를 창조하셨건만,

우리가 살아가는 세상은 폭력으로 가득합니다.

학교 구성원 중 두 사람이 폭행을 당했습니다.

한 사람은 구타를 당했으며

한 사람은 성폭행을 당했습니다.

사랑하는 주님,

일어나지 말아야 할 일이 일어났습니다.

특히나 사회에서 특권을 누리는 대학이라는 곳에서는

더더욱 일어나서는 안 되는 일이 일어났습니다.

화가 납니다. 또 두렵습니다.

폭행을 당한 이들을 위로하시고

그들에게 어떤 고통을 가했는지 느끼지 못할 만큼

둔감해진 영혼들에게

당신의 정의를 보여주소서.
그들에게는 무엇보다 당신이 필요합니다.
당신께서 은총으로 그들을 침략하셔서
다시금 고통스러워해야 할 것에
고통을 느끼는 감각을 회복하소서.
그들에게는 그 은총이 잔인하게 느껴지더라도
그리하소서.

우리를 당신의 평화의 도구로 삼으시되
그러한 특권에 따르는 폭력성은 강탈해 가소서.
악이 마침내 끝날 때까지
우리가 이 폭력적인 세계의 피난처가 되게 하여주소서.
아멘.

'궁극적 모호함'이 아닌 주님께*

주님,

이런 자리에서 어떤 기도를 드려야 하는지는

당신만이 아십니다.

우리는 당신을 두려워하지 않습니다.

우리가 사람을 더 두려워하기 때문입니다.

그래서 당신께 기도하기보다는

'궁극적으로 모호한' 무언가를 향해 기도합니다.

이스라엘 백성에게 보여주신 극적인 사건을 통해,

예수의 삶과 죽음, 부활을 통해

당신은 이런 우리를 사정없이 뒤흔들어

진정 두려워해야 할 이가 누구인지를 일깨우시지만

---

* 총장실로부터 교수 오찬 모임에서 대표기도를 해달라는 요청을 받았다. 저명한 소설가이자 듀크 대학교 영문과의 일원인 레이놀드 프라이스Reynolds Price가 그날 발표를 맡았다. 나는 그간 시민종교를 거세게, 반복해서 비판해 왔기에, 처음에는 예수 그리스도의 아버지이신 그분을 부를 수 없는 기도, 모호한 신에게 기도드릴 기회를 거절했다. 나는 그처럼 '공적인' 행사, 다양한 종교를 가진 사람들이 모인 자리에서는 (내가 그간 비판해 온) 시민종교에서 이야기하는 '신'을 향해 기도 하기를 기대한다는 것을 알고 있었다. 숙고해본 후, 나는 기도를 하겠다고 답했다. 그리고 아침나절 내내 이 기도를 적었다. 앞서 본 책 서문에서 그 결과에 대해 기술한 바 있다.

그럼에도 교묘하고, 교활하고, 교만한 백성인 우리는
당신께서 보여주신 그 구체적인 진리를 보기보다는
모호함에 빠지는 편을 선호합니다.
그렇기에 이 자리에서는 당신께서 우리의 일상에
주신 선물들에 감사를 드리려 합니다.
당신은 이런 우리에게조차 음식을 허락하셨으며
우정, 선한 일들, 누군가의 희생을 통해 우리의 삶이 선물
이 될 수 있음을 일깨워 주십니다.

주님,
당신의 종 레이놀드 프라이스로 인하여 감사합니다.
당신의 은총으로 그가 우리 삶을
빛나게 해 주심에 감사드립니다.
이러한 선물들을 통해
특정한 상태, 특정한 지위에 대한 우리의 갈망이
당신을 영광되게 하는 섬김으로 변화되게 하소서.
아멘.

'자기'에서 벗어나기를

전능하신 주님,

우리는 당신을 섬기고 싶다고

우리보다 불행하고 가난한 이들을 돕고 싶다고

정의가 실현되기를 원한다고 이야기 합니다.

그러나 실제로 우리가 원하는 것은 힘과 지위입니다.

너무도 간절히 사랑받고 싶기 때문입니다.

이 자기도취에서 벗어나게 하소서.

사랑받지 못한다는 불안에서 나오는 일들에서

우리를 자유케 하소서.

그래야 우리가 늘 되고 싶다 말해온

그런 사람이 될 수 있을 테니까요.

그렇게 당신께 사랑받으며,

그 사랑에 기대어 진정 이기심 없이

남을 섬기는 삶을 살게, 그 소원을 이루게 하소서.

아멘.

우리를 당신의 평화의 도구로 삼으시되
그러한 특권에 따르는 폭력성은 강탈해 가소서.
악이 마침내 끝날 때까지
우리가 이 폭력적인 세계의 피난처가 되게 하여주소서.
아멘.

참된 다스림을 구하는 기도

우주의 주인이시여,
당신께서는 우리를 당신의 종으로 삼으셔서
당신께서 창조하신 세계를 통치하게 하셨습니다.
그러나 우리는 도무지 이 사실을 체감하지 못합니다.

우리가 바라는 일을 할 능력이 없을 뿐 아니라
무엇을 바라야 하고, 원하는지조차
확신하지 못합니다.
간단히 말해, 우리는 다른 무언가는 고사하고
우리 자신조차 다스리지 못하는 것 같습니다.

그리하여 우리는 당신을,
그리스도 안에서 함께하는 형제자매들을
이 세상에 있는 우리의 형제자매들을 실망시키고,
우리 자신에게 실망합니다.

당신의 영을, 당신의 열망을 우리에게 주사

당신의 사랑으로 우리를 가득 채우시고

그리하여 우리가 다른 이들을

당신의 통치로 이끌게 하소서.

그렇게 당신의 다스림을 받아,

섬김으로 다스리는 것이 무엇인지를

삶으로 증언하게 하소서.

아멘.

진정한 시간을 간구하는 기도

시간의 주인이시여,
아브라함과 사라를 부르셔서
우리의 조상이 되게 하심으로써
당신은 이 시간 속으로 들어오셨습니다.
하지만 우리는 이 모든 일을 맞이할 준비가 되었는지
확신하지 못합니다.

우리의 삶은 너무나 자주 깊은 숲에서
길을 잃고 헤매는 것처럼 보이며
이전에 거닐었던 길로
언제 다시 돌아갈 수 있는지조차 모르겠습니다.
그래서 우리는 당신께서 이루신 일을 지워 없애고
우리에게는 과거가 없다고,
아무것도 받은 것이 없다고 불평합니다.
우리는 쓸데없이 바쁘게 살고,
바쁘게 살면서 두려워합니다.
길을 잃었고,

우리가 어디에 서 있는지도
모른다는 사실에서 도망치려 합니다.

주님,
우리의 분주함이 도피는 아닐까,
우리가 현실에서 도망치려다
스스로 덫에 빠지는 것은 아닐까 두렵습니다.
우리가 안식할 시간을 갖게 하셔서
그리스도의 부활로 인해 창조된 그 시간만이
진정한 시간임을 깨닫게 하소서.
이를 볼 수 있도록 우리에게 고요함을 허락하소서.
아멘.

경이로운 삶을 찬미하며

사랑하는 주님,

당신의 나라에서 마법과도 같은 일을 베푸심으로써

우리가 참된 기쁨을 누리게 하시고

그렇게 우리를 구원해 주셨으니

우리 또한 당신께서 베푸시는 신비의 도구가 되어,

당신께서 일구시는 평화를 연주하는

악기가 되게 하소서.

당신은 우리에게 생명을, 삶을 주셨습니다.

이 생명은, 그리고 삶은

참으로 경이롭고 흥미진진합니다.

이 생명과 삶은 소유하기보다는 나눌 때 자라납니다.

그리고 풍성해집니다.

당신께서 우리에게 주신 생명과 삶은
내가 얻기 위해서는 다른 이는 잃어야만 하는
제로섬 게임이 아니라는 것을 알게 하소서.
희생한다고 해서 자신을 잃는 것이 아니며
그로 인해 사랑이 소진되지도 않음을,
오히려 사랑이 자라남을 깨닫게 하소서.
우리가 이 사랑의 백성이 되었다는 일이야말로
진정 경이로운 진리입니다.
아멘.

당신의 평화에 합당한 우리가 되기를

우리를 구원하시는 주님,

우리의 완고한 마음을 풀어주소서.

우리 안에 있는 모든 교만과 기만을 제거해주시며

당신의 온화한 사랑을

증거하지 못하게 하는 모든 것을

씻어 주시고 벗겨주소서.

당신의 평화를 전하기에 합당한 자로

우리를 빚으셔서

서로 다툴 때조차 세상이 보고

"이들은 서로를 얼마나 사랑하는지 보라"고

말할 수 있게 하소서.

아멘.

'우리의' 신학을 돌아보며

당신의 모습을 드러내셔서
이 세상의 진실과 진리를 폭로하시는 두려우신 주님,
당신이 당신을 드러내시는 사건은 결국 신비입니다.
그럼에도 당신을 우리 손에 쥐려는
경악스러운 시도들을 용서하소서.
당신은 당신 자신을 위해 우리를 창조하셨건만
우리는 이에 합당하게 살기는커녕
이를 받아들이기조차 힘들어 합니다.
더 나아가 당신을 진짜로 알고 있다는 듯이
거만하게 피조세계를 활보하기까지 합니다.
오 주님, 신학은 그렇게
당신을 움켜쥐려는 시도가 되고 있습니다.
당신이 굳이 우리 같은 이들을
백성으로 삼기를 고집하신다는
피할 길 없는 사실을 인식하는 데서 오는 겸손을 주소서.
이 얼마나 기이한 일인지요.
아멘.

사귐을 구하는 기도

사납고도 친근하신 주여,

우리는 자주 외로움을 느낍니다.

그러나 이곳 학교에도

곁에 있는지 조차 몰랐던,

그러나 언제나 함께 있던 친구가 있습니다.

우리가 실제로는 혼자가 아님을 알게 되는 것은

기쁘기도 하고 두렵기도 합니다.

누군가와 삶을 나누다 자신을 잃게 되지는 않을까

걱정이 듭니다.

그러나 나눔이 없는 삶은 삶이 아님을

몸과 마음으로 익히도록 은총을 내려 주소서.

우리 안에 당신의 형상을 빚으사

성부와 성자, 성령께서 서로 교제하시듯

우리가 서로 사귀게 하시고,

우리를 친구로 선언하신 당신과 사귐으로써 일어나는

기쁨을 증언하게 하소서.

아멘.

우리를 뒤흔들어 주심에 감사를

전능하신 주님,
마리아와 같은 아름다움을 지니셔서
주목하지 않을 수 없게 하시는 분이시여,
우리가 온 마음을 다해
당신께서 우리를 구원하셨다는
기쁜 소식에 뛰어들게 하소서.
지루한 일상을 살다보면
당신께 드리는 예배마저
하나의 일처럼 돼버림을 고백합니다.
그러한 때에 우리의 삶을 뒤흔드셔서
당신의 아들 예수 그리스도를 통해
이 세상에서 빛을 발하게 된 당신의 나라를
다시 발견케 해주심에 감사드립니다.
언제까지나 이곳에 함께 계셔서
당신의 길들일 수 없는 영을 길들이려는
우리의 헛된 시도를 뒤흔들고 무너뜨리소서.
아멘.

평화를 구하는 기도

모든 생명의 통치자시여,

우리에게 인내를 주셔서

당신이 창조하신 세계의 아름다움을

목도할 수 있을 만큼

오래 머무를 수 있게 하소서.

당신이 창조하신 세계와 평화로이 살도록

우리를 도우소서.

특히 교회 안팎에 있는 형제자매들과

평화를 이루게 하소서.

다른 피조물들과도 평화롭게 살게 하소서.

개와 돼지, 닭들과도 평화를 이루게 하소서.

다른 무엇보다 우리 자신과 평화로이 살게 하소서.

아멘.

당신의 임재를 찬미하며

사랑하는 주님,
당신께서는 한시도 쉬지 않고 우리와 함께 하십니다.
그러나 때로 우리는 그런 당신이 성가십니다.
당신께서 바라시는 모습과
우리가 아는 우리의 모습 사이에는 간극이 있어
그 속에서 갈팡질팡 살아가는 것도 힘이 듭니다.
그것이 우리의 고백입니다.

그러나 겸손을 빙자해
스스로 아무런 가치도 없다고 여기는 일이야말로
위선이며 아무런 가치도 없는 일임을 깨닫게 하소서.
당신의 백성됨을 기뻐하게 하시고
당신의 교회에 모여
당신께서 이미 이루신 승리를 찬미하게 하소서.
아멘.

미덕을 구하는 기도

빛이신 주님,
우리의 어둠에 빛을 비추셔서
이 세계가 죄로 뒤틀려 있으나 그럼에도 불구하고
여전히 당신의 것임을 보게 하소서.
진실로 두려워해야 할 것을 두려워할 줄 아는
두려움의 미덕과 용기를 주소서.
진실로 혐오해야할 것에 혐오할 수 있는
사랑의 미덕을 주소서.
무엇을 두려워하고, 무엇을 혐오해야 할지 아는
분별력이라는 미덕을 주소서.

이를 위해서는 다른 무엇보다 신실해야 함을
우리는 잘 알고 있습니다.
그러나 홀로는 신실한 존재가 될 수 없으니
신뢰하는 법을 익히게 하소서.
아멘.

진정한 삶을 간구하며

눈에 보이지 않으시는 주님,
당신께서는 보이지 않으시지만,
가난한 이들, 농부들, 이방인들, 죽은 이들을 통해
이곳에 우리와 함께 하십니다.
당신의 사랑과 당신의 권능으로 그렇게 하십니다.
당신께서는 그러한 이들을 통해
우리와 함께 하시겠다고 약속하셨습니다.
그 약속을 지키셔서 이곳에 함께 하여 주소서.
그렇게 우리를 흔들어 깨워주소서.
우리의 굼뜬 눈을 뜨게 하시고,
완고한 마음을 부서뜨리소서.
그리하여 우리가 이 세상에서 진짜 삶을 살게 하소서.

느껴야 할 것을 느끼게 하셔서
진정 생각해야 할 바를 생각하게 하소서.
눈물 흘려야 할 일에 눈물 흘리게 하셔서
진정 웃어야 할 때 웃을 줄 알게 하소서.

우리를 통해
당신이 이 세상과 함께 하심을
세상이 알 수 있도록
당신의 백성이 되게 하소서.
당신의 빛을, 당신의 기쁨을
드러내는 이들이 되게 하소서.
아멘.

우리의 본성을 깨우쳐 주소서

우주의 주관자시여,

이 우주에는

너무 작아 당신의 지시에서 비껴날 수 있는 곳도 없고

너무 커 당신의 지배를 피할 수 있는 곳도 없습니다.

이 무수한 공간 중에

당신께서 친히 교회라 부르게 하신 곳을

세워 주심에 감사드립니다.

당신은 도살자들로부터 양을 구해내듯

우리를 모으셔서,

도살자가 되는 것이 우리의 본성이 아니며

운명도 아님을 알게 하셨습니다.

우리가 서로 친구가 되게 하셔서

그 친구됨 안에서 당신의 진리를 알게 하소서.

아멘.

실로 기쁜 일

재미있는 주님, 어릿광대 왕이시여,
당신은 이상한 분임에 틀림없습니다.
우리 같이 엉망진창인 사람들이
당신의 나라를 신뢰하게 하셨으니 말입니다.
당신의 유머감각은 실로 탁월하십니다.
하지만 당신께서 그렇게 해주신 덕분에
우리는 행복을 누립니다.
당신이 다스리시는 나라를 향해
모험을 떠난다는 사실은
실로 자랑스럽고 마음을 들뜨게 하는 기쁜 일입니다.
당신의 영을 통해 이 사실을 충만히 누리게 하시며
이 삶을 신나게, 활기차게 살아가게 하소서.
그리하여 다른 이들도 우리를 통해
당신이 만드신 피조물 안에 있는
경이로운 모습을 보게 하소서.
그 모습에 이끌려 이 여정에 동참케 하소서.
아멘.

지나간 세대를 위한 기도

우리 아버지,
당신께서는 선한 선조들을 주시어
우리를 기르게 하셨습니다.
앞서간 이들을 기리며 당신께 감사드립니다.
그들이 없었다면 지금의 우리는 없었습니다.
그들의 신실한 모습, 신실하지 못한 모습
모두가 우리를 길렀습니다.

그들은 오늘날의 기준으로
이해가 되지 않는 행동도 많이 했습니다.
그럼에도 그들은 당신의 백성으로 살아간다는 것이
얼마나 경이로운 일인지를 우리에게 알려주었습니다.
우리 또한 그들을 따라 당신의 소망을 살아낼
새로운 세대를 만들어가게 하소서.
아멘.

죄에서 우리를 구하소서

은총이 가득하신 주님,
당신의 사랑으로 우리를 박살내 주소서.
그리하여 겸손을 익히게 해주시고
죄를 알고 고백하게 하소서.

우리는 우리가 저지르는 죄가
별난 일이라도 되는 줄 알지만,
주여 용서 하소서.
우리는 별스럽지도 않은 죄들에 매입니다.
질투, 미움, 비열함, 교만, 자기중심성,
게으름, 권태, 거짓, 정욕, 인색함 …
이 죄들은 너무도 평범하고 시시합니다.

당신은 이 일련의 죄들로부터 우리를 구원하셔서
당신 나라의 왕족으로 삼아주시고
우리를 이처럼 시시한 죄인으로 만드는 그 힘이
이미 패배했음을 증언하게 하십니다.

당신의 생명이 지닌 아름다움에
우리의 눈이 사로잡히게 하셔서
악에 매혹되지 않은 채
추한 것은 그저 추하게 볼 수 있도록 하소서.
주여, 당신께 사로잡히는 일은
얼마나 경이로운 일인지요.
아멘.

패배한 적들을 위한 기도

겸손하신 주님,

당신의 적들이 당신께 패한 것에 기뻐 날뛰지 않도록

우리에게 은총을 내려주소서.

우리에게는 그만한 겸손이 없음을 고백합니다.

그러니 주여, 우리를 도우소서.

상처가 너무나 생생하기에

우리는 종종 정의라는 미명 아래

우리에게 상처준 이들을 처단하고 싶어 합니다.

그렇기에 우리는

평화를 이루는 자가 되라는 당신의 부름이

달갑지 않습니다.

그러나 그렇게 살도록,

그렇게 당신을 사랑하는 법을 익히도록

우리를 도우소서.

아멘.

우리는 신실한 척합니다

모든 정의의 기원이 되시는 주님,
당신을 맞닥뜨릴 때 우리는 우리의 하찮음을,
더 나아가 우리의 죄를 고백하게 됩니다.
그렇기에 당신 앞에 서는 일이란
정말 끔찍한 일입니다.
당신께서 우리를 좋아하셨으면 하기에
우리는 우리 본모습을 감추려 합니다.
그렇게 신실한 척 가면을 씁니다.
그러나 그러한 가면 놀이는 죄만 더할 뿐이지요.

그럼에도 당신은 우리를 멸하지 않으시며
오히려 우리를 용서하십니다.
우리를 당신의 소유로 삼으셔서
죄를 탐닉하는 성향으로부터
자유로워지는 길에 서게 하십니다.
당신께 용서 받는 일이란 실로 좋은 일입니다.
아멘.

주제넘은 마음을 용서해주소서

은총이 가득하신 주님,
우리 힘으로 죄를 고백하겠다는
주제넘은 마음을 용서해주소서.

당신께서 은총을 베푸셔야만
우리는 우리가 저지른 죄를 알 수 있으며,
죄를 죄라고 인정할 수도 있습니다.
우리의 죄를 드러내는 그 은총으로 인해
우리는 상처를 입으나
동시에 바로 그 은총으로 우리는 치유됩니다.
진실로 감사드립니다.

죄에 이끌리지 않고
당신, 그리고 형제자매와 나누는
경이로운 우정 속으로 들어가도록
우리를 이끌어주소서.
아멘.

말씀에 집중하게 하소서

모든 말 중의 말,

모든 가치 있는 지식의 원천이시여,

당신의 말씀에 집중하게 하소서.

우리를 성경의 백성으로 삼아 주심에,

당신의 기억 속에서,

그 기억으로 살아감을 알게 하심에 감사드립니다.

우리를 살리기 위해 죽은 성도들을 잊지 않게 하소서.

그들을 통해 우리는 당신의 말씀을 들으며,

말씀을 살고 또 은총을 얻습니다.

당신의 종이 된다는 사실은

얼마나 경이로운 일인지요.

아멘.

단순함을 구하는 기도

위대하신 주님,

우리가 당신의 말씀을 들을 수 있도록

겸손함을 주소서.

성경을 통해 당신을 드러내 주심에,

그 선물에 감사드립니다.

성경은 실로 복잡하며 다층적이고 풍요롭습니다.

당신의 말씀에 기꺼이 놀라고

당혹스러워할 줄 아는 단순함을 주소서.

아멘.

아이처럼

모든 지혜의 주님,
말씀이 육신이 되신 예수 그리스도로 인해
감사드립니다.
이 말씀으로 우리 몸과 마음을 비추셔서
모든 피조물이 당신의 영광을 발하게 하소서.
특히 아이들이 그토록 좋아하는
작고 하잘 것 없는 돌, 풀, 동물들의
아름다움을 놓치지 않게 하소서.
우리를 아이로 만드셔서
당신께서 창조하신 피조 세계를
순전하게 누리며 즐기게 하소서.
아멘.

힘의 남용을 경계하며

주님,

부디, 그리스도를 위하여

당신의 종이 될 힘을 주소서.

당신의 기쁜 소식을 전하는 이로,

섬기는 이로 부름 받았으면서도

이를 위해 받은 힘이 우리는 두렵습니다.

그러니 당신의 기쁨을 누리며

이로써 섬기는 종이 되게 하소서.

그 기쁨으로 일상의 폭력과 폭압에서

자유로워지게 하소서.

당신의 나라가 어떤 곳인지 세상에 드러내는 이로

삼아주심에 감사드립니다.

아멘.

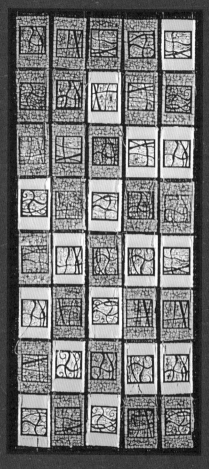

우리의 굼뜬 눈을 뜨게 하시고,
완고한 마음을 부서뜨리소서.
그리하여 우리가 이 세상에서 진짜 삶을 살게 하소서.

헛된 야망에서 벗어나기를

주님,
우리는 너무나 바쁩니다.
너무 많은 사람을 만나고,
너무 많은 질문을 던지고,
너무 많은 일을 합니다.

이렇게 바쁜 이유가
실은 우리 안에 있는 공허를 깨닫게 될까
두려워서임을 고백합니다.
이렇게 분주한데 어떻게 안식을 누리며
어떻게 당신께 예배드릴 수 있겠습니까?
부디 우리 삶에 시간과 공간을 빚으셔서
당신과 이웃을 섬길 수 있게 하소서.
기도를 통해 쉼을 얻도록
우리를 밀어붙이소서.
그 때에만 당신 안에서 우리의 사랑과 두려움이
온전해질 수 있습니다.

분주한 일들이

참된 섬김의 길로 이어지게 하소서.

그 길을 알게 하소서.

우리에게 진정 필요한 것은 쉼이며 예배임을,

그곳에 길이 있음을 알게 하소서.

그리하여 마침내, 무엇보다,

헛된 야망에서 우리를 구하소서.

아멘.

강건한 나라로 이끌게 하소서

사랑스러운, 그만큼이나 강렬하신 주님
아름다우신 당신께로 우리를 이끄셔서
당신을 경배함으로써
우리 삶이 반짝이게 하여 주소서.
당신의 빛을 받아 반짝이지 않을 때
우리 삶은 너무나도 자주 미움과 정욕에 휘말립니다.
우리는 그러한 힘에서 자유로워지고자 하지도 않고
자유로워질 수도 없으니
우리의 미움과 정욕을 사랑으로 바꾸어줄
신실한 친구를 보내주소서.
당신은 우리를 천상의 존재로 만들지 않으셨으니
우리의 구체적인 몸과 삶을 통해
기쁨을 누리게 하소서.
우리가 서로에게 건강한 연인이 되게 하셔서
다른 이들을 당신께서 다스리시는
강건한 나라로 이끌게 하소서.
아멘.

선거일을 맞이하여

만물을 통치하시는 주님,
우리는 어리석게도 이 사람 혹은 저 사람을 뽑으면
우리를 잘 이끌어 나갈 것이라고 믿곤 합니다.
이번에도 우리는 또 그러고 있습니다.
이 일을 필요 이상으로 중요하게 생각하지 않도록
우리를 도우소서.
또한 우리에게, 우리가 뽑은 이들에게
자신의 어리석음을 아는 지혜를 주소서.
경직된 얼굴을 한 정치는
결코 인간을 위한 정치가 될 수 없으니
우리가 우리 자신의 우스꽝스러운 모습에
정직하게 웃을 줄 알게 하소서.
우리는 지배하고 싶어 하고
그만큼 지배당하고 싶어 합니다.
오 주님, 이 굴레에서 우리를 자유케 하소서.
이 비뚤어진 갈망을 사라지게 하소서.
아멘.

주님의 환대를 구하는 기도

사랑하는 주님,

오직 당신만이 진정한 외로움을 아시며

그렇기에 우리 삶이 지닌 참된 공포를 아십니다.

진실로 당신은 우리가 아는 것보다

우리를 더 잘 아십니다.

당신이 우리를 잘 알고계심을 깨닫게 하셔서

더는 외롭지 않게 하소서.

길을 잃은 친구들,

사람들에게서 버림받은 친구들,

심지어는 당신에게서조차 버림받은 것만 같은 이들과

함께 하소서.

당신의 끈질긴 환대로

우리를 치유하셔서

우리가 스스로 만들어낸 고립,

때로는 우리가 자유라고,

혹은 힘이라고 부르는 그 완강한 고립을

꿰뚫고 나오게 하소서.
폭력을 휘두르는 행태를 멈추고
서로의 손길을 느끼게 하소서.

당신께서 보내신 아들의 몸과 피가
하나의 손길이 되어
우리를 매만지시기에 그 일이 가능함을 압니다.
주님, 감사합니다.
아멘.

확실함이 아니라 기쁨을

모든 진리 가운데 참이신 주님,

혼란한 삶의 한복판에서 살아가는 우리는

확실성을 갈구합니다.

의심하지 않아도 되는 지식을 얻기를,

모호하지 않은 길을 찾기를,

기탄없이 믿을 수 있는 누군가를 찾기를 바라며

그런 것이 가능하다고 생각합니다.

그러나 그러한 추구는 절망적인 몸부림의 반영일 뿐,

당신의 영광과는 무관합니다.

그러므로 이제는 확실함이 아니라

기쁨을 위해 기도드립니다.

이 혼란한 삶의 한복판에

당신께서 열어주시는 길이 있음을,

당신께서 우리를 찾아내 주셔서 인도하심을

깨달아 기뻐하게 하소서.

우리가 그 이상 무엇을 바라겠습니까.

아멘.

우리가 우리 자신의 우스꽝스러운 모습에
정직하게 웃을 줄 알게 하소서.
우리는 지배하고 싶어 하고
그만큼 지배당하고 싶어 합니다.
오 주님, 이 굴레에서 우리를 자유케 하소서.

헌신하게 하소서[*]

끈질긴 사랑의 주님,

우리는 당신의 신실하심이 두렵습니다.

우리는 당신의 사랑을 바라지 않습니다.

우리는 우리가 필요할 때만 가끔 채워주는

즉흥적이고, 덜 진지한 사랑을 바랍니다.

하지만 당신께서는 우리에게

끈질기게 사랑을 베푸시고

심지어 당신처럼 끈질기게 사랑하라며

우리를 부르십니다.

"죽음이 우리를 갈라놓을 때까지"

함께 하라는 약속,

평생을 걸어야 하는 약속을 요구하십니다.

---

* 결혼이라는 주제를 두고 강의를 하기 전에 드린 기도다.

이러한 맹세는 그 자체로 기적입니다.

오직 당신만이 이러한 약속에

충실할 수 있는 용기를 주십니다.

우리에게 그러한 담대함을 주시니 감사합니다.

당신께서 우리에게

그리하셨고, 그리하시며, 그리하실 것처럼

우리도 언제까지나 서로에게 신실하도록

우리를 인도하소서.

아멘.

거짓을 드러내는 진리

위엄 넘치는 진리이신 주님,

우리가 진실한 말,

당신을 향한 순종에서 나오는 말을 하게 하셔서,

우리 삶을 통해 당신이 드러나게 하여 주소서.

이 세상은 거짓에 함몰된 말들로 점철되어 있습니다.

하지만 말이 없으면 당신의 진리도 드러날 수 없음을

우리는 압니다.

그러니 당신의 말씀으로 우리의 말을 정련하셔서

우리의 말과 세상의 거짓이 드러나게 하소서.

복된 소식을 전하는 이로 부름 받은 우리에게

당신에게 기꺼이 의지할 수 있는 용기를 주소서.

진리가 아닌 거짓을 택하는 이들을

당신께서는 부르지 않으심을 기억하게 하소서.

아멘.

아이들을 위한 기도

사랑하는 주님.
아이들은 그 자체로 멋진 소식입니다.
당신께서 이 세상을 절대 포기하지 않으신다는
기쁜 소식 말입니다.
이 캄캄한 세상, 불의, 폭력을 거슬러
중요하지 않은 것에 집착하고
그리하여 불필요하게 바쁜 우리를 거슬러
아이들을 허락해 주시니
이 얼마나 놀라운 선물인지요.

애덤을 보내 주심에,
새라, 오스틴, 케이티, 가브리엘,
조슈아, 폴, 앤드류, 토머스, 조엘,
그 외에도 수많은 아이들을 보내주심에
감사드립니다.
이들은 우리의 삶을 뒤흔들고 헤집어서
우리가 진정으로 무엇을 갈망하는지 가르쳐줍니다.

주여, 이 아이들은 당신의 아이들입니다.

당신의 아들 예수 그리스도처럼

이 아이들은 몸을 입은 소망입니다.

이 아이들을 통해 우리는

인내심을 가지고 소망하는 법을 익힙니다.

당신께서는 우리를 당신이 기뻐하시는,

자랑스러운 자녀가 되게 하셨습니다.

부디 당신을 닮아 소망 중에

우리의 자녀들을 환대할 수 있게 하소서.

아멘.

주여, 우리는 당신의 평화를 두려워 합니다

폭풍처럼 평화를 가져오시는 주님,
우리는 이러한 당신의 평화를 두려워합니다.
입으로는 평화를 바란다고 하지만,
실제로 우리의 흥미를 끄는 것은 전쟁과 폭력입니다.
우리 영혼은 너무나 자주 이러한 것들에 사로잡힙니다.

우리를 변화시키는 당신의 사랑, 그 사랑의 힘으로
우리의 폭력성을 쓸어버리소서.
폭력은 증오와 뒤틀린 사랑을 먹고 자라니
여기서 우리를 낚아채 주소서.

우리는 당신의 평화가 오기를 바라지 않으나
당신은 성령을 통해 우리가 당신의 평화 안에서
살아가도록 하십니다.
화해를 일구는 당신의 나라가 온 세상에 빛을 비추도록
당신의 영으로 우리를 태우소서.
아멘.

전쟁과 죽음으로 가득 찬 세상을 위한 기도

사랑하는 주님,

우리 발 앞에는 무수한 시신들이 있습니다.

이라크인들, 쿠웨이트인들, 쿠르드인들,

크로아티아인들, 슬라브인들, 엘살바도르인들,

미국인들, 팔레스타인 사람들, 이스라엘 사람들,

유대교 사람들, 아이들, 그리스도인들 …

사람들이 죽고, 죽고, 또 죽었습니다.

전쟁으로 죽음을 맞이한 형제자매들에게

자비를 베푸소서.

또한 우리에게도 자비를 베푸소서.

우리의 실패를 당신의 평화가 오는 길로 삼아주소서.

이 전쟁에 종지부를 찍어주소서.

전쟁이 유일한 대안이라는 생각,

우리가 손쉽게 사로잡히는 이 망상,

그리고 이 망상의 어두운 힘에서 우리를 구하소서.

우리는 스스로 평화로 가는 길에
이를 수 없음을 압니다.
평화를 이룬다면서 또 다시 전쟁을
일으키기 때문입니다.
당신의 사랑으로 우리를 몰아치셔서
우리를 당신의 평화의 도구로 삼으소서.
그렇게 죽음으로 가득한 이 세상에
생명을 가져다주소서.
아멘.

세상을 향해 나아가며 드리는 기도*

아브라함과 사라와 이삭과
리브가와 야곱과 룻과 마리아의 주님,
당신은 아들 예수 그리스도를 통하여
우리를 부르셨습니다.
또한 성령의 불기둥으로 우리를 이끄셔서
당신의 길로 가게 하십니다.
그럴 때면 우리는 묻습니다.
"이 여행을 꼭 가야 하나요?"
당신께 예배하는 법을 이제 막 알기 시작했을 뿐인데
그런 우리에게, 어디를 향해 가야하는지도
모르는 우리에게
당신은 떠나야 한다고 말씀하십니다.
주님, 그럴 때면 생 빅토르의 후고가
한 말을 기억하게 하소서.
"고향에 안주하는 이들은 여전히 신앙의 초심자이며,

---

* 이 기도는 '파송' 부분을 강의하기에 앞서 드린 기도다.

온 대지를 자신의 고국으로 여기는 이들은
강건해진 이들이며,
온 세상을 이방 땅으로 여기는 이들은
완전한 이들이다.”
그렇기에 우리는 여행을 떠납니다.
그러나 이 길은 결코 홀로 가는 길이 아님을,
그럴 수도 없음을 기억하게 하소서.
당신께서는 우리를 당신의 친구로 삼으셨고
우리가 서로의 친구가 되게 하셨으니
이 우정 안에서 신뢰하게 하소서.
미지의 영역에서 당신을 만났을 때
바로 이 신뢰가 필요함을 알게 하소서.
주님, 당신의 백성이 된다는 것은
이토록 신나는 일입니다.
이처럼 놀라운 일을 감당케 해주신
당신을 찬미합니다.
아멘.

우정이 번창하는 공동체를 간구하며[*]

기묘하신 주님,
당신은 우리에게 단 한 번도 이 세계를
장미 정원과 같은 곳으로 만드시겠다고
약속하신 적은 없지만,
이런 때에는 몇 송이 데이지와 백일홍 정도는
당신께 구해도 될까요.

우리는 혼란스럽습니다.
우리가 정확히 어떠한 상황에 처해 있는지도
감이 안 옵니다,
이처럼 잘못된 일이 일어났다는 것에 화가 나면서도
여기가 어딘지, 누구를 탓해야 할지도 모르겠습니다.
결국 누군가의 잘못임이 드러나고, 그래야하지만,
그조차 너무나 가련한 인간이니,
탓해봐야 별 소용도 없어 보입니다.

---

[*] 이 기도는 신학교 공동체 구성원의 특정한 행동, 학교에 있는 우리 모두를 부끄럽게 만든 추악한 행동에 대한 반응으로 나왔다.

우리는 이러한 상태에 있습니다.

이런 우리에게 자비와 용기를 주셔서

우리가 진실한 공동체,

우정이 번창하는 공동체,

당신이 우리에게 명하신 선한 활동으로

기쁨을 누리는 공동체가 되어가도록 힘써 주소서.

어디로 어떻게 나아가야 할지 알려 주소서.

당신의 창조 이야기,

창조 이래 가장 탁월한 이야기에

우리가 포함되어 있음에 자부심을 갖게 하소서.

당신의 백성이 되는 것은 실로 좋은 일입니다.

아멘.

사랑을 찬미함

사랑이신 주님,

우리에게 친구가 없다면 어떻게 될까요?

문자 그대로 아무런 의미도 없을 것입니다.

당신의 피조 세계에 홀로 있게 된다면

제가 피조 세계에 있는지,

제가 당신의 피조물인지 깨닫지도 못할 것입니다.

세계는 그저 하나의 공간일 뿐이겠지요.

그러나 당신은 우리를 서로의 곁에 두셔서

서로가 서로를 알 수밖에 없게 하십니다.

몸을 지니고 있다는 것.

서로에게 매혹된다는 것.

서로를 알아간다는 것.

우정을 나눈다는 것.

사랑한다는 것.

이 얼마나 경이롭고 또 두려운 일인지요.

우리는 혼자가 아닙니다.

서로를 열렬히 고파하는 존재로

당신은 우리를 창조하셨습니다.

우리를 당신의 친구로 삼고자 하시며

그렇게 하심으로써

우리가 서로에게 또 자기 자신에게

친구가 될 수 있게 하십니다.

사랑에 빠질 때 인생은 감미롭습니다.

우리에게 서로를 주신 당신을 찬미합니다.

아멘.

참된 소망을 구하는 기도

사랑하는 주님,
당신의 소망으로 우리 몸에 침입하시어
우리 몸이 당신의 나라에 속한 빛을 발하게 하소서.
시종 경이로움으로 타오르는
어린아이가 지닌 활력을 우리에게도 허락하소서.

우리가 감당해야 할 선한 일,
소망 가득한 일을 주심에 감사드립니다.
당신은 우리 삶이 아무런 가치도 없는 일들의
반복이 되지 않도록,
의미와 목적을 부여해 주십니다.
그러나 이를 위해서는 인내해야 하니
우리가 당신의 인내를 닮게 하소서.
당신께서 주신 소망을
겸손으로 받아들이고 간직하고
정련할 수 있도록 인도하셔서
당신의 뜻이 우리를 통해 이루어짐을 알게 하소서.

우리의 소망은 너무나도 자주 막연한 낙관에 빠지고
그러한 낙관은 손쉽게 절망이,
절망은 냉소가 되어 버리곤 합니다.
이스라엘 백성에게 가르치셨듯
인내를 가르쳐 주소서.
우리가 품는 소망에서 우리를 구해 주시고
당신의 소망을 익히게 하소서.
그렇게 기쁨으로, 소망을 품고
기다리는 법을 배우게 하소서.

우리에게 주신 아이들을 통해
우리는 소망이 무한한 인내를 요함을 알게 됩니다.
우리에게 소망을 품고 기다리는 법을 익히게 하소서.
그리스도는 죽으셨고,
그리스도는 부활하셨고,
그리스도는 다시 오십니다.
아멘.

유대인을 위한 기도*

우주의 주인, 무한한 힘이시여,
오늘은 속죄일입니다.
당신의 창조와
당신의 백성 이스라엘의 창조를 기념하는 날입니다.
참회를 통해 새롭게 되고,
거룩함으로 거듭난 일을 기념하는 날입니다.
이 날 우리의 죄를 고백합니다.

사랑하는 주님,
그리스도인인 우리가
당신의 또 다른 백성을 지독하게 박해했습니다.
용서하소서. 질투를 제어하기가 힘들었습니다.
우리를 겸손케 하시고 혐오를 눌러주셔서
참회를 통해 새롭게 되고,
거룩함으로 거듭나게 하소서.

---

* 속죄일에 드리는 기도

그렇게 그리스도인과 유대인이 함께,
당신께서 예비하신 미래로 들어가도록
함께 한분이신 당신을 사랑하도록 하여주소서.
아멘.

일상을 돌이켜보며 드리는 기도

주님,

우리에게 평범한 일상을 주시니 감사합니다.

일상에서 일어나는 소소한 기쁨들을

우리는 사랑합니다.

아침 식사를 하는 시간,

수업 시간, 공부하는 시간,

당신께서 주신 매 순간순간이 멋지고 아름답습니다.

그러나 이 일상을 에워싼 비극적인 구조,

끔찍한 일들을 잊지 않게 해주소서.

우리가 베이글을 먹는 이 순간,

그리 멀지 않은 곳에서

누군가는 굶주리고 있음을 우리는 압니다.

무언가 변화가 필요함을 알고는 있지만,

어떻게 해야 하는지는 모르겠습니다.

그래서 무력한 중에도 베이글을 즐기기 위해,

저 굶주림을 잊곤 합니다.

우리가 기억하게 하소서.

당신께서 주신 것을 어떻게 나누어야 할지

가르쳐 주소서.

그리하여 일상을 풍요롭게 하시는 당신의 나라를

모두가 알고 맛보게 하소서.

아멘.

예수 따르기를 간구하며

피투성이 주님,
당신은 너무나 생생한 현실이십니다.
당신은 끈적이고 역겨운 피를 흘리시며
사람들을 두렵게 하십니다.

우리는 피 흘리는 당신, 희생제물이 되신
당신 곁에 머물러 있고 싶어 하지 않습니다.
우리는 영적인 신앙을 갖고 싶어 합니다.
우리는 영적인 것,
살과 피가 없는 것,
추상적인 것을 믿고 싶어 합니다.
그리하여 몸을 희생하지 않고,
영적인 것만 희생하기를 바랍니다.

그러나 당신은 이스라엘 백성과 함께

당신의 아들 예수를 통해

우리에게 피비린내 나는 현실을 일깨우십니다.

예수를 따르는 이가 되면

우리 또한 피를 흘리게 되는 것은 아닐까 두렵습니다.

그러나 그것이 우리의 숙명이라면

우리의 뜻이 아닌 당신의 뜻을 이루소서.

아멘.

삶의 조각들을 모아주시기를 간구하는 기도

거룩하신 주여,

파편이 된 채 당신 앞에 나왔습니다.

우리 삶은 산산조각 났습니다.

몇 조각을 더한다 해서

삶이라는 그림을 완성할 수 있을지 모르겠습니다.

어떤 부분을 보완하려 하면,

또 다른 부분에 공백이 생깁니다.

주님,

저는 누구입니까?

당신께 이런 기도를 하는 저는 누구입니까?

당신 안에서 안식하기까지 우리는 안식할 수 없음을

아우구스티누스에게 배웠습니다만

지금 저의 상태가 그러한지는 모르겠습니다.

그처럼 거룩한 마음을 가진 것도 아닌 듯합니다.

거룩하신 주님,

우리가 우리 자신, 그리고 서로와

하나 되게 해주소서.

우리 삶의 흩어진 조각들,

갈망의 파편들이 한데 이어져 마침내

"사랑하는 주님, 당신께서는

처음부터 우리와 함께 계셨습니다"

라고 고백할 수 있게 하소서.

우리가 진리와 진실을 기억하게 하시며

또한 뜨거운 소망을 갖게 하시어

우리의 삶이 당신의 나라와 충만한 목적을

반영하게 하소서.

우리의 삶이 거룩한 당신을 드러내게 하셔서

세상이 "저들이 서로 사랑하는 모습을 보라.

저들은 그리스도인이다"라고 말하게 하소서.

아멘.

홀로에서 벗어나 함께 하기를 간구하는 기도

은총이 가득하신 성부 성자 성령이시여,
당신은 우리를 한 데 모으셔서
홀로 되지 않게 하십니다.
또한 우리가 서로의 존재에 즐거워하게,
서로의 존재로 인해 큰 기쁨을 누리게 하십니다.
당신께서 서로 완전히 자신을 나누어 주시면서도,
다름을 잃지 않고,
그렇게 세분임과 동시에 한분으로 계시듯,
우리 또한 사랑하다 자신을 잃게 되지 않을까
두려워하지 않고 서로를 사랑할 수 있게 하십니다.

그런데도 우리는 자주 혼자 있을 방안을 찾으려,
지옥에 머물 길을 찾으려 애를 씁니다.
'내 삶은 내가 만들어간다'는 환상에 사로잡힌 채
자기만족에서 나오는 미소,
'나 자신'의 미소에 갇혀 버립니다.

편안한 삶, 잘 통제된 삶을 내세워
남을 기만하며
결국에는 우리 자신까지 속입니다.

위대하신 주님, 강력하신 주님이시여
우리를 흔드셔서 이와 같은 외로움에서
벗어나게 하시고
서로에게 기꺼이 도움을 청하게 하소서.
그리하여 기꺼이 서로와 서로를 나눔으로써
이 세상이 당신의 백성이 되었다는 것이 무엇인지
보고 놀라게 하소서.
실로 당신의 백성이 되었다는 것은
얼마나 복된 일인지요!
아멘.

성인들을 보내주심에 감사드리며

마리아에게서 나신 주님,
우리를 겸손하게 해주셔서
우리가 또한
"당신의 말씀이 이루어지이다"
라고 고백하게 하소서.

우리는 우리가 생각하는 방식으로,
우리의 뜻을 따라 겸손에 이르려는
유혹을 받곤 합니다.
당신의 피조물로서 당신에게 의지하는 법을
잘 모르기 때문입니다.
그렇기에 이 세상에는 누군가가 필요하며
우리를 위해 무수한 성인들을 보내 주심에
감사드립니다.

그들의 삶은 당신께서 하시는 활동이
어떤 모습을 하고 있는지,
우리가 원래 어떤 모습이 되어야 하는지를
우리에게 알려줍니다.
성인들은 흥미로운 사람들입니다.
기이하고도 놀랍습니다.
때때로 그들의 모습은 사라가 그랬듯,
우리로 하여금 웃음을 터뜨리게 합니다.
그렇게 그들은 우리에게 겸손을 알려 줍니다.

주님,
우리 또한 이들처럼 당신을 즐겁게 하는 데
한 부분을 담당케 하소서.
이 세상을 죄에서 자유롭게 해 주신다는 것은
실로 경이로운 일입니다.
아멘.

원수에 관한 기도

주님, 당신은 용서하시는 분입니다.
그러나 우리는 우리의 원수가
당신께 용서받기를 원하지 않습니다.
시편 기자가 때때로 기도했듯
우리는 당신이 그들을 죽이기를 구합니다.
좀 더 솔직히 말하면, 그들을 죽이기보다는
그들을 처벌해 주시기를 간청합니다.
그들이 죽어 사라지기보다는
살아서 당신의 벌을 받아
고통스러워하는 모습을 보고 싶기 때문입니다.

그래서 때로는 원수가 사라질까 봐 두렵기도 합니다.
우리는 사랑보다 미움을 더
소중히 여기기 때문입니다.
우리는 증오도 사라지고, 원수도 사라져 버리면
삶의 의미마저 사라지는 것은 아닌지,
우리가 누구인지조차

모르게 되어버리는 것은 아닌지 두려워합니다.
그러나 당신께서는 우리가
화해의 무릎을 꿇게 하시어
원수를 향해서도 그리스도의 평화를
전하게 하십니다. 그러한 당신의 요구가
우리는 당혹스럽고 또 두렵습니다.

하지만 사랑보다 미움을 소중히 여기는 우리에게
당신은 놀랍게도 화해라는 기적을 완성하도록
우리를 이끄십니다.
기적과도 같은 은총으로
우리가 세운 벽을 강타하고 허무셔서
우리를 살리소서.
우리 자신과도 화해를 이루는 그날까지
우리에게 은총을 내려 주소서.
아멘.

기꺼이 미움을 감내하는 용기를 구하며

전능하시며 정의로우신 주님,
우리는 종종 당신을 향해
불확실한 것에서 우리를 보호해 달라고,
우리의 피난처가 되어 달라고 빌곤 합니다.
하지만 당신께서는 이런 우리를 향해
우리가 진실로 선한 사람,
당신의 백성이라면
반드시 원수가 생길 것이라고 말씀하십니다.

이 말씀은 마음에 새기기가 힘이 듭니다.
성경은 심지어 우리가 미움을 받을 것이라고까지
이야기합니다.
솔직히 말씀드리면, 조금은 지나친 말 같습니다.
미움을 받기보다는 '약간 비호감' 정도가
될 수는 없는지요?

그러니 당신께 기도합니다.

부디 원수를 알아볼 수 있게 해주소서.

날카로운 눈을 주소서.

그리고 당신의 영을 무기로 삼아

그들과 겨룰 수 있게 하소서.

그렇게 행동할 수 있는 용기를 주시고

마르틴 루터 킹이 걱정 많고 가련한 이들을

사랑으로 돌보았듯

우리를 가련히 여기셔서 당신의 날개 아래

우리를 보호해 주소서.

아멘.

감사드릴 수 있음에 감사를

주님,
당신께 감사드릴 수 있음에 감사드립니다.

우리에게 생명을 주셨음에,
이 삶을 살게 해주심에,
피조물을 향한 당신의 열정이
불러일으키는 활력에,
우리의 삶을 삶 되게 하는 우정에,
우리가 몸을 입은 존재임을 기억케 하는
사랑과 갈망에,
교회라 부르는 당신의 몸에,
그곳에서 우리의 몸이 확장됨에,
당신의 몸과 피를 나누는 성찬례를 제정해주심에,
한해의 수확을 기억하고 나눌 수 있음에,
감사를 드립니다.

이로써 우리는 당신께서 이루시는

구원 활동의 한 부분을 감당하게 됩니다.

이 모든 것에 감사드립니다.

아멘.

말다운 말을 할 수 있기를 갈망하며

태초에,
당신은 말씀으로 만물을 창조하셨습니다.
당신은 언어를 사용하셔서 우리를 빚으사
생명을 주시고
우리 또한 언어로 생각하고
언어로 당신을 향해 기도하게 하셨습니다.
그러나 우리의 생각들은 혼란스럽고
방향을 잡지 못한 채 뒤섞이곤 합니다.

주님,
이 혼란한 생각들이 우리의 기도가 되게 하셔서
저들을 고요한 사랑, 웅변적인 침묵으로 빚어주소서.
그렇게 우리를 회복시켜 주소서.
우리는 시작부터 너무나 자주 당신의 말씀을
소음을 만드는 데, 우리 자신을 감추는 데
이용했습니다.
그러고는 그러한 소음을 신학이라 불렀습니다.

우리를 겸손케 하셔서

당신에 관한 우리의 추정,

당신과 함께하는 모습에 대한 우리의 가정이

다른 이들을 향한 섬김으로,

당신의 교회를 향한 섬김으로 거듭나게 하소서.

그리고 당신의 나라를 세우는 데

한 부분을 담당케 하소서.

부디 우리에게 기도하는 법을 가르쳐 주셔서

말다운 말을 할 수 있게 하소서.

아멘.

기상천외하신 주님을 찬미하며

기상천외하신 주님,

당신께서 주신 이 삶을 어떻게 사랑해야 할지

잘 모르겠습니다.

사람들은 어리석게도

자주 지치고, 지루해하고, 소진됩니다.

그런데 그 어리석은 사람들이 무언가 놀랍고,

흥미롭고, 통찰력 있는 말을 하고 일을 하니

어찌 우리가 이 삶을, 사람들을

마냥 혐오할 수 있겠습니까.

이렇듯 당신께서는 우리가 서로

함께 사는 존재임을 일깨워 주시어

삶을 결코 내 방식대로

질서정연하게 할 수 없음을 알려주십니다.

질서정연한 삶이란 결국

무미건조한 삶일 뿐임을 알려주셔서

당신 나라가 얼마나 흥미로운지를 알도록

우리를 밀어붙이십니다.

게다가 맙소사, 놀랍게도 당신은

당신의 백성으로 유대인을 택하셨습니다.

그렇게 당신은 당신께서 어떻게 활동하시는지를

보여주십니다.

그처럼 우스꽝스러운 이들을 통해

당신을 알려주시기를 고집하십니다.

그리고는 급기야 우리를 택하시어

이 세상에 당신께서 얼마나 기상천외하신 분인지를

알려주십니다.

주님, 우리가 당신의 웃음이 되게 하소서.

우리를 웃게 하여 주셔서, 그렇게 웃으며

이 세상이 당신의 기쁜 임재에 사로잡히게 하소서.

그리하여 우리가 저지르는 폭력의 연료인

두려움을 내려놓게 하소서.

기상천외하신 주님,

당신께서 주신 이 삶을

어찌 사랑하지 않을 수 있겠습니까.

아멘.

배고플 수 있음에 감사드리며[*]

잔치를 여시는 아버지,

당신께서는 때가 되면 배가 고프도록

우리를 창조하셨습니다.

살기 위해서는 무언가를 먹어야만 하도록

우리를 빚으셨습니다.

먹는다는 것은 매일, 때마다 해야만 하는 습관이며

이를 통해 우리는 결국 피조물일 뿐임을 알게 됩니다.

이렇듯 배고픔은 우리를 겸손케 하는

놀라운 장치입니다.

성찬의 자리에서 당신을 먹고 마신다는 것은

헤아릴 수 없이 고통스러운 일이자

상상할 수 없을 만큼 기쁜 일입니다.

이 성찬을 통해 당신께서는

우리가 당신의 이야기의 일부가 되도록

---

[*] 성찬례가 빚어내는 것에 관해 논의하는 수업을 시작하기 전에 드린 기도다.

우리를 빚어 가십니다.

우리 식사에 목적을 주셔서
모든 피조물을 향한 당신의 끝없는 희생에
우리를 참여케 하소서.
우리가 배고플 수 있음에 감사드립니다.
평화 속에 먹게 하소서.
아멘.

당신의 나라를 이루는 조각이 되기를

주님의 아버지 성부시여,

주 예수 그리스도시여,

교회를 세우셔서 우리가 서로에게

속하도록 하시는 성령이시여,

삼위일체인 당신께 모든 찬미를 드립니다.

우리가 당신의 지체가 되게 하시니

이 얼마나 위대한 신비인지요.

이 신비를 허락하신 당신을 찬미합니다.

이 신비가 아니었더라면 우리는 그저

홀로 남겨져,

홀로 살다,

홀로 사라져버렸을 것입니다.

그러나 당신께서는 우리에게

서로를 허락하여 주셨습니다.

각기 다른 모습과 크기를 지닌 형제자매를

곁에 있게 하셨습니다.

실제로 우리가 서로 그리 잘 맞지는 않습니다만
이렇게 각기 다른 삶의 조각들이 모인 모습을 보시고
당신이 즐거워하시기를, 기뻐하시기를 기도합니다.
그리하여 마침내 우리 한 사람 한 사람이
당신의 나라를 이루는 조각이 되기를 바랍니다.

우리가 성자의 부활이 비추는 빛 속에 살게,
그 나라에 속해 있다는 자부심으로 살게 하소서.
그리하여 마침내 그날에, 다른 무엇보다,
세상에서 이러한 고백이 들리게 하소서.
"저들은 이상한 사람들이다.
그러나 보라. 저들은 얼마나 서로를 사랑하는가."
아멘.

진리를 갈망하며

모든 진리 가운데 참이신 주님,
우리가 진리를 갈망케 하소서.
우리 안에 진리를 향한 열정을 빚으소서.
당신의 진리와 사랑 가득한 초원을
우리가 욕망하게, 갈망하게, 맛보게, 느끼게 하소서.
그 초원에서 뒹굴게 하소서.

당신을 두려워하게 하사
진리를 마주하는 것에 대한 두려움에서
우리를 자유케 하소서.
모든 거짓 중에 가장 큰 거짓은
반쪽짜리 진리이니 그 거짓에 안주하라며
우리를 유혹하는 모든 것을 미워하게 하소서.
우리에게 단순한 말, 은총이 담긴 말,
사랑이 담긴 말을 주시고

이를 따라 서로 진실하게 말하게 하소서.
진리 안에서 진실하게 사랑하게 하소서.
정직함으로 우리를 영예롭게 하사
영예로운 사람이 되게 하시며,
그렇게 신뢰할 만한 사람들이 되게 하소서.

하지만 안타깝게도 우리는 갈 길이 멉니다.
냉소로 인해 우리는 너무나 쉽게 지치고
삶을 지루해합니다.
그러니 주여,
우리가 당신의 신실한 종이 되게 하소서.
그리하여 우리가 우리 자신에게 그리고 서로에게
"나를 믿어도 돼"라고 말할 수 있게 하소서.
아멘.

올바른 분노를 구하는 기도

사랑하는 주님,

화가 많이 납니다. 좌절로 인해 분노가 솟구칩니다.

이 모든 분노가 당신을 향한 것인지도

잘 모르겠습니다.

하여간 제 안에 소망이 가득하기에

제가 이토록 분노하고 있음을 알 뿐입니다.

저는 그렇게 소망하지 않는 다른 이들을 보면

화가 납니다.

물론 저도 알고 있습니다.

이런 식으로 화를 내다보면

자칫 '내가 옳다'는 자기의에 빠진다는 것을 말입니다.

자기의에 빠지지 않게 해주시되,

제게서 분노를 앗아가지는 마소서.

분노에는 힘이 있으니 그 힘으로 남을 섬기게 하소서.

그 힘으로 당신의 기쁜 소식을 전하게 하소서.

세상은 우리에게 분노하지 말아야 한다고 가르치지만
정의로운 심판관이신 당신께서는
우리가 분노해야 마땅한 일에 분노하지 않기에
분노하심을 압니다.
우리는 당신이 우리 같기를,
우리 편에서 우리를 옳다고 해주시기를 바랍니다만
당신은 우리 편에서 놀아나지 않으십니다.
오히려 당신은 우리에게
당신의 교회가 당신께 신실하기를
그리하여 바르게 분노할 줄 알기를 바라십니다.

우리가 두려워할 것에 두려워할 줄 아는
강건한 사람이 되게 하소서.
그리하여 세상이 우리를 보고
"저들에게는 사랑이 가득하여 분노도 넘쳐흐른다"고
말하게 하소서.
아멘.

허리케인의 여파 속에서[*]

주님, 이만하면 되었습니다.

욥의 고백처럼 말입니다.

허리케인이, 베헤못이 또 온다니요?

도대체 우리가 당신께 무슨 말을 해야 합니까?

당신은 그 허리케인 속에 계십니까?

어쩌면 그럴지 몰라서, 그렇다는 것을 알게 될까 봐

실은 두렵습니다.

우리는 당신을 보호해드리고 싶어합니다

당신도, 당신께서 창조하신 피조물도 선하다고

생각하고 싶어합니다.

하지만 그러다가는 피조물에서

당신을 **빼버리고** 말겠지요.

---

[*] 1996년 9월 6일 허리케인 프랜이 노스캐롤라이나를 강타했다. 이
곳은 대체로 허리케인의 여파가 미치지 않았던 내지였다. 이 때문
에 아무런 대비도 되어 있지 않던 우리 삶의 터전은 완전히 폐허가
되어버렸다. 이 기도와 그 다음으로 나오는 기도는 허리케인 이후
재개한 수업 때 드린 기도들이다.

이는 당신께서 창조하신 피조세계에서

당신을 지우는 일이 될 겁니다.

허리케인은 그저 하나의 '자연 현상'이 되고,

하나의 자연 현상일 뿐인 그 현상은

이제 당신께서 섭리하시는 피조물이

아니게 될 테니 말입니다.

그리스도께서는 바람도 잠잠케 하실 수 있음을

우리가 감히 믿어도 되겠습니까?

우리는 이 세계가 일정한 규칙을 따르기를,

그리하여 예측 가능하기를 바랍니다.

엉망진창에 혼돈스러운 곳이기를 바라지 않습니다.

그렇기에 허리케인 속에 당신이 계신다 할지라도

당신께서 상관하지 말아 주셨으면 합니다.

당신이 끼어들어 예측할 수 없는 일이 일어나는 것이

두렵기 때문입니다.

주님, 우리는 피조물 속에 계신 당신을

보는 법을 잃어버렸습니다.

이것이 우리의 솔직한 고백입니다.

부상당한 이들,

충격에 잠긴 이들,

집을 잃어버린 이들,

절망에 빠진 이들을 돌보아 달라고

당신께 기도드립니다만

당신께서 허리케인 속에 계시지 않다면

어떻게 그들을 돌보실 수 있겠습니까.

이렇듯 우리는 한편으로는 당신과 허리케인이

아무 관련이 없기를 바라면서도

허리케인 속에 당신이 계시기를 바랍니다.

이 둘을 어떻게 하나로 엮을 수 있는지

사실 잘 모르겠습니다.

우리는 당신께서 상처를 치유해 주시기를 바라나,

진정 치유되기를 바라지는 않습니다.

우리가 서로를 돕게 해 주시기를 바라며

당신께서 그리 해주실 수 있다고 생각하면서도

한편으로는 당신께서 직접 도우셔야 한다고
당신이 필요하다고 생각합니다.
왜 그러는지 잘 모르겠습니다.
당신의 도움을 구하도록 우리를 도우소서.
아멘.

고통당하는 이웃들을 위한 기도[*]

주님, 우리에게 욥과 같은 겸손을 주소서.
우리가 경이로워 하며
침묵 속에 피조물이 드러내는
당신의 신비 앞에 서게 하소서.
당신께서 만드신 피조물 속에 있는
야성을 헤아리게 하소서.
아름다우면서도 동시에 끔찍한 야성을 알게 하소서.
이 아름다움과 끔찍함 속에서 당신을 보게 하셔서
우리의 죄로 인해 생겨나는 고통을 알게 하소서.

우리는 당신이 주신 생명에게 죄를 짓고 있습니다.
성자 예수께서 달리신 십자가에서 그 고통을 봅니다.
그분께서 여전히 고통 중에 계시기에
우리의 불신이 우리를 멸하지 못함을 압니다.
그리스도께 서로를 위해 간구하게 하셔서

---

[*] 이 기도 또한 허리케인 프랜의 여파 속에서 드린 기도다.

외로움을 이기게 하소서.

죄는 우리를 돕지 못하며 우리의 눈을 가릴 뿐이니

우리를 자유케 하셔서 서로의 이웃이 되게 하소서.

고통 중에, 통제불가능한 상태로 인한 두려움 가운데

무엇보다 우리가 서로의 도움이 필요한 존재임을

깨닫게 하소서.

이를 깨달아 서로를 돕게 하소서.

그럴 수 있는 힘을 주소서.

주님, 우리는 머지않아 곧 일상으로 돌아갈 것이고,

다시 그럭저럭 괜찮아질 것이며

그렇게 다시 누군가의 손길을

더는 필요로 하지 않는 날이 올 것입니다.

부디 이 순간을 우리 기억에 각인시켜 주소서.

내가 나의 것이 아님을 알게 된

이 순간을 기억하게 하소서.

그것을 인정하는 이 시간이

우리 모두에 관한 완전한 진실에

한층 가까이 간 순간임을 기억하게 하소서.

아멘.

기억과 고통

십자가에 달리신 주님,

당신께서 지으신 피조 세계가 고통으로 가득합니다.

우리 삶도 고통스럽습니다.

그러나 우리는 행복해 보이고, 괜찮아 보입니다.

남에게도, 스스로에게도 그래야 한다고 말합니다.

누구도 고통스러운 사람 곁에

있고 싶어 하지 않는 것을 알기 때문입니다.

그렇기에 우리는 고통스러워하는 자신 곁에도

있어주지 못합니다.

과거를 기억해보아야 고통스러울 뿐이기에

우리는 기억을 거부합니다.

둔중하고 무의미하며 우리의 감각을 앗아가는

고통은 잊으려 합니다.

그러나 당신께서는 우리를
당신의 고통을 기억하는 백성으로 빚으십니다.
성령을 부으셔서 기억에 사로잡히도록 하십니다.
주님, 이런 기억이 다시금 우리를
고통스럽게 하지 않을까,
지금을 망치지는 않을까 두렵습니다.

우리에게 용기를 주소서.
용감하게 서로의 친구가 되게 하여 주소서.
우리 자신의 삶, 이웃의 삶에 자리한 비극을 응시하며
머물게 하셔서, 참된 기쁨을 넘쳐흐르게 하는
당신의 백성이 되게 하소서.
아멘.

미국인으로서 드리는 기도[*]

은총이 가득하신 주여,

우리는 세상에서 가장 강한 나라에 살고 있습니다.

우리의 힘은 타의 추종을 불허합니다.

교만하게도 스스로를 의롭게 여기며

그 힘을 더욱 키웁니다.

우리를 겸손케 할 수 있는 권력이란

이 세상에 존재하지 않습니다.

우리는 역사상 있었던 누구보다도

무서운 폭군입니다.

우리는 테러리스트라 부르는 이들에게

폭격을 가하고, 로켓을 쏘고, 죽입니다.

단지 우리가 그런 힘을 갖고 있다는

이유만으로 말입니다.

---

[*] 이 기도문은 미국이 이라크에 미사일을 쏜 후에 쓰였다. 조지 부시 George Bush가 쿠웨이트를 방문했을 때 이라크가 부시를 죽이려 했다는 말이 전해졌기 때문이다. 이 소문에 클린턴 정부는 폭격을 가함으로써 자신들의 '본심'을 보여주었다.

우리는 이 세상에서 가장 강한

권력을 쥐고 있는 이들입니다.

그렇기에 힘에 사로잡힌 채 살지 않기가 너무나 힘듭니다.

우리는 마약에 취하듯 힘에 취합니다.

이 힘에서 우리를 구하소서.

당신께서 이 나라를 심판하실 것이며,

이 나라를 낮추실 것임을 알게 하소서.

우리의 교만이 이 나라를 멸망시키리라는 것을

깨달아 깨어나게 하소서.

당신만이 주님이심을 기억케 하소서.

복수할 권한은 오직 당신께 있음을 알게 하소서.

당신의 뜻이라면, 그 폭격 당한 백성이

당신의 심판을 전하는 도구가 되게 하소서.

부디 바라건대, '일상적인 살인'으로부터

우리를 구하소서.

아멘.

일상의 순간들을 찬미하며

초록 나뭇잎이 붉게 물드는 아름다운 순간,

낯선 이의 밝게 빛나는 얼굴,

고양이가 흥겹게 뛰노는 모습,

친구들의 너그러운 마음,

그 너그러운 마음이 전해졌을 때

느끼게 되는 순전한 경이와 기쁨까지,

이 모든 순간,

그리고 또 다른 무수한 순간들을

선사해주시는 당신께 감사드립니다.

당신을 찬미합니다.

이를 통해 우리 또한 세상을 향한

당신의 선물임을 기억하게 하소서.

선물인지도 모른 채 선물을 거부하는 세상에게

그리스도를 감사 제물로 내어주셨듯,

우리 또한 감사 제물로 내어주셨음을,

그리스도를 통해 우리가 세상을 향한

선물이 되게 하심을 기억하게 하소서.

새 시대에 당신께서 베푸시는 축제를 향해

다시 또 다시 달음질하게 하소서.

우리가 당신의 기쁨이 되도록 주신

시간과 공간 속에서

달음질하게 하소서.

아멘.

기억을 간구하는 기도

매 순간 함께하시는 주님,

우리는 틈만 나면 당신을 잊으려 합니다.

우리는 기억하기를 싫어합니다.

기억하면 우리의 왜소함,

타인에게 인정받기 위한 욕구에서 나오는 몸부림,

지금껏 저질러 온 하잘 것 없는 죄들을

마주하게 될 뿐이기 때문입니다.

허나 이렇게 당신을 잊기 위해 애를 쓰다

결국에는 우리 자신이 누구인지도 잊게 되며

그리하여 어디에도 살지 않는,

아무것도 아닌 자가 되고 맙니다.

이러한 우리의 시간에 임하사

당신의 시간을 살도록 밀어 붙이시니 감사합니다.

당신께서는 과거의 죄를 치유하시며

죄를 고백하게 함으로써

우리의 과거와 그리하여 우리 자신과

화해하도록 이끄십니다.

부디 기억하게 하소서.

그러한 기억으로

우리가 세상을 위한 당신의 기억이 되게 하소서.

아멘.

너무나 다르고, 너무나 가까우신 주님께

놀라우신 주님,

우리가 당신을 두려워하기보다는

친근히 여기는 편을 선호하더라도

당신께서는 우리를 용서해 주시겠지요.

우리를 겁주려 하시는 것이 아님을 알지만,

우리는 우리와 너무 다른 존재를 가까이서 마주할 때

불안에 떨곤 합니다.

그랜드캐년의 풍경은 사랑하지만,

막상 그곳 절벽에 너무 가까이 가고 싶지는

않은 것처럼 말이지요.

그러니 우리에게 다가와 주시되

너무 극적인 방식으로는 오지 말아 주십시오.

우리는 우리에게 주어진 이 하루조차

겨우 살아냈습니다.

우리가 감내할 수 있는 한에서

극적인 일들은 다 겪었습니다.

그렇기에 우리는 하루하루 십자가로 다가오시는

당신이 두렵습니다.

당신이 지신 십자가, 그 장엄함에

우리는 말을 잃게 됩니다.

한편으로는 두려우나 한편으로는 매혹됩니다.

그렇게 당신께서 가까이 오시면

우리는 오히려 당신과 우리 사이에

아득한 거리가 있음을 감지하게 됩니다.

이 배움이 얼마나 놀라운지요!

아멘.

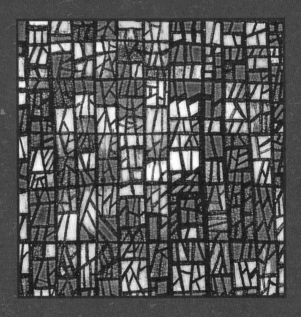

선물인지도 모른 채 선물을 거부하는 세상에게
그리스도를 감사 제물로 내어주셨듯,
우리 또한 감사 제물로 내어주셨음을,
그리스도를 통해 우리가 세상을 향한 선물이 되게 하심을
기억하게 하소서.

끝

죽음을 마주하며*

생명이신 주님,

우리는 죽음을 두려워합니다.

우리는 언젠가 죽는다는 것을 알지만,

이 견고한 사실을 외면하며 살아가는 데

더 익숙합니다.

여하간 우리 대부분은 죽음을 앞둘 정도로

많이 늙지는 않았으니까요.

죽음은 노인들에게나 일어나는 일이라고

우리의 일은 아니라 여기며 언제까지나

젊을 것처럼 살아갑니다.

그러나 죽음은 어느 순간 슬그머니

우리에게 찾아옵니다.

이를 마주하기가 싫어

우리는 죽어가는 이들을 외면하고

---

* 마가릿은 듀크대 학생이며, 남편이 지병으로 세상을 떠났다.

죽음을 앞에 두고 있는 이들을 회피합니다.
그렇게 죽음을 피해 숨습니다.

그러니 주님,
당신께서 친히 오늘 남편을 땅에 묻은 마거릿 곁에
언제나 그랬듯 변함없이, 한결같이, 든든하게
함께하여 주소서.
병중에 그와 그녀를 지탱해 주었던 용기를
오늘도 내려 주소서.
또한 그 용기가 우리 삶에도 스며들게 하셔서
언젠가 우리가 맞이하게 될 죽음보다
당신을 두려워하도록
그리하여 우리가 서로의 곁에
함께 있어 줄 수 있도록 하여 주소서.
아멘.

죽음의 나라에 맞서기를 기도하며

죽음을 주관하시며,
생명을 주시는 주님,
우리는 죽지 않을 것처럼 살며
그렇기에 살아있어도 죽은 것 같은 삶을 삽니다.
당신의 나라에 속한 생명을 우리에게 심어주셔서
살아있어도 죽은 것 같은 삶에서 우리를 구원하소서.

당신의 가호 아래
얼마 전 이 세상을 떠나 당신의 나라에 있는
이들의 이름을 불러 봅니다.
브라이언, 캐서린, 스튜어트.
성도의 교제를 기다리며
이들을 위해 기도합니다.
죽음의 나라에 맞서도록 우리를 지켜주소서.
아멘.

진부한 말에 생명을[*]

사랑하는 주님,
우리가 아는 이들에게도
모르는 이들에게도
죽음의 손길이 뻗어 있습니다.
우리는 모두 죽습니다.
실로 정신이 번쩍 드는, 냉혹한 현실입니다.

얼마 전에는 메리 맥클린톡 퍼커슨의 모친도
돌아가셨습니다.
우리를 메리와 그녀의 가족들 곁에 있게 하셔서
죽음으로 인한 슬픔에 압도되지 않게 하소서.
"모친의 죽음에 삼가 조의를 표합니다."
"어머니께서 돌아가셨다는 소식 들었어. 유감이야."
우리가 공식처럼 사용하는 이 말이
진부한 말이 되지 않게 하소서.

---

[*] 1997년 동료 교수인 메리 맥클린톡 퍼커슨Mary McClintock Fulkerson의
모친이 갑작스럽게 돌아가셨을 때 드린 기도다.

우리가 이 말을 할 때 당신의 위로가 깃들게 하소서.

당신께서 함께 해주소서.

결국 우리는 당신께 세례 받은 백성이니,

우리가 받은 세례란 결국

죽음까지도 사랑하게 되는 것임을

기억할 힘을 주소서.

아멘.

몸이 되신 주님을 찬미하며

몸이 되신 주님,

당신은 몸으로 임하시어

몸으로 우리를 맞으셔서

우리가 당신을 통제할 수 없게 하십니다.

결국은 죽음을 맞이할 수밖에 없는

이 몸을 주심에 감사드립니다.

이 죽을 몸을 통해

당신께서는 생명을 주시니

우리를 부활하신 당신의 몸으로 삼으셔서

세상이 우리를 통해

당신의 영을 알게 하소서.

아멘.

은총의 리듬으로 뛰는 심장*

사랑하는 주님,

우리는 당신만이, 당신의 심장만이

우리 생명, 영혼의 참된 원천이라고 배웠습니다.

그러니 훌륭하고 선한 심장의 소유자였던

당신의 종 프레드를 계속 돌보아 주소서.

우리에게는 그러한 선함이 필요합니다.

선함이 없는 삶은 마치 심장이 없는 삶과도 같아

살아있어도 죽게 될 것이니 말입니다.

그는 선한 심장을 지닌 사람이었으니

그 선한 심장이 기이하게 박동했던 것도

어쩌면 당연합니다.

그의 심장은 언제나 당신께서 베푸시는

은총의 리듬을 따라 뛰었기 때문입니다.

---

* 프레드릭 헤어조그Frederick Herzog 교수는 듀크 대학교 신학대학원에
서 수년간 조직신학을 가르쳤다. 그는 가난한 이들을 강하게 옹호
했고, 해방신학을 진지하게 다룬 선구자 중 한 사람이었다. 그는
1995년 10월 9일 교수회의 중 세상을 떠났다.

그는 언제나 죽음을 맞이할 준비가 되어 있었습니다.

그러니 우리도 그를 놓아 주게 하소서.

우리의 영혼을 치유하셔서

그가 보여주었던 삶이 계속해서

우리 모두의 터전이 될 수 있게 하여 주소서.

아멘.

두 성인을 기억하며[*]

만물을 거룩하게 하시는 주님,

성인들을 보내주신 당신을 찬미합니다.

그들은 우리를 불편하게 하며,

우리 삶을 편안하게 내버려 두지도 않습니다.

그렇기에 우리는 되도록 그들을 신성화하고

높은 곳에 올려 두려고,

가능한 한 우리와는 다른 부류로 여기고 싶어 합니다.

"우리는 그들과는 상황이 다르다",

"그들은 세속적인 부류가 아니다"라고 말합니다.

그러나 그들은 골치 아픈 사람들입니다.

그들은 우리를 그렇게, 홀로 있게 내버려 두지 않습니다.

마더 테레사는 말했습니다.

"살인하지 마십시오.

특히 전쟁 중에는 더욱 그리하십시오."

"낙태는 안 됩니다."

---

* 마더 테레사가 세상을 떠났다는 소식을 듣고 드린 기도다.

"동정심을 가지십시오. 가난한 이들, 병든 이들,
노인들을 버리지 마십시오."
도로시 데이도 이처럼 말했습니다.
둘은 그을린 피부만큼이나 거친 여인들이었습니다.
그다지 매력적인 인물들도 아니었습니다.
우리가 그들이 매력적인 인물들이
아니라고 여기는 것은
아마도 우리가 당신께서 택하신 이들을
택할 줄 모르기 때문이겠지요.
그러니 이제 가난한 이들을
먹이시고 입히시는 당신의 나라에서
성도의 교제 속에 즐거워하고 있을
그녀들을 기쁘게 받아주소서.
그녀들을 보내시어 천국을 엿보고,
맛보게 해주심에 감사를 드립니다.
아멘.

헨리 나우웬의 죽음 앞에서[*]

삶과 죽음을 주관하시는 주님,

헨리 나우웬 신부의 삶, 그의 활동,

그의 증언에 감사드립니다.

그는 당신의 말씀을 전하며,

말 속에 살았으나 또한 침묵을 갈망했습니다.

이제 당신은 엄숙한 침묵으로 그를 빚으셔서

그가 성도의 교제에 참여케,

그들과 함께 당신을 찬미하는

합창을 부르게 하십니다.

---

[*] 로마 가톨릭 사제이자, 영적 지도자이며 비범한 힘을 지닌 작가였던 헨리 나우웬Henri Nouwen은 토론토에 있는 라르쉬 데이브레이크 공동체의 담당 사제로 활동했다. 라르쉬는 정신적으로 장애가 있는 이들을 위한 공동체다. 그는 1996년 세상을 떠났다.

그의 죽음에 상실감을 느끼며

마땅히 침묵에 잠겨있을 그의 친구들,

데이브레이크 공동체의 구성원들을 위해 기도합니다.

그들이 서로의 얼굴을 바라보게 하셔서,

그곳에 변함없이 함께 하시는 당신을 보게 하소서.

당신을 봄으로써 기뻐하게 하소서.

당신께서 우리에게 주신 삶을 기뻐하도록 돕기 위해,

기꺼이 자신을 열었던 이 기이한 사람의 삶을

기쁨으로 기억하게 하소서.

아멘.

궁극적 상황에 처한
상황윤리학자를 위해 드리는 기도[*]

삶과 죽음을 주관하시는 주님,

당신의 이상한 종 조셉 플레처를 당신께 맡깁니다.

사랑하지 않는 그리스도인은 그리스도인이 아님을

그는 우리에게 일깨워 주었습니다.

또한 그는 우리 안에 있는 율법주의,

우리 자신을 의롭게 여기려는 경향에 도전했습니다.

이제 그가 궁극적 '상황'에 처했사오니

그가 성도의 교제에 참여케 하소서.

그렇게 당신을 찬미하는 이들과

함께 활동하게 하소서.

당신을 찬미함은 완전하고 충분하니

이 충만한 일에 참여케 하소서.

---

[*] 1966년 조셉 플레처Joseph Fletcher는 『상황 윤리』Situation Ethics를 썼다. 나는 이 책을 자주 비판했다. 그는 오랜 기간 활동했으며(90세가 넘게 살았다) 많은 책을 썼다. 나는 줄곧 그를 비판했다. 그는 1996년 세상을 떠났다.

또한 불완전한 노래를 부르는
이 세상에 남겨진 우리를 도우사
우리가 최소한 저 노래의 일부라도
올바르게 부르게 하소서.
아멘.

고양이 터크의 죽음을 기리며*

뜨거운 마음을 가지신 주님,

당신은 우리 중 하나가 되어 우리를 찾아오심으로

당신께서 우리의 사랑을 바라심을,

그 끝없는 갈망을 드러내셨습니다.

우리는 이 사랑을 위해 창조되었습니다.

우리는 당신께서 지으신 피조 세계,

피조물들을 사랑하며

당신을 사랑하는 법을 배웁니다.

모든 참된 사랑은

모두 당신에게서 비롯됨을 믿습니다.

우리를 향한 터크의 사랑,

터크를 향한 우리의 사랑은 모두

당신께서 주신 사랑을 밝히는 불이 됩니다.

우리는 그렇게 당신의 사랑에 참여합니다.

---

* 터크Tuck는 샴고양이였고 20년을 살았다. 나도 터크를 깊이 사랑했
지만, 아내 폴라와 터크의 관계는 특히나 각별했다. 생의 마지막
해, 식염수를 투여하는 것을 포함한 과정들을 그는 고요히 인내했
다. 1996년 10월 17일 터크는 세상을 떠났다.

터크의 멋진 삶을 허락하신 당신께 감사드립니다.

당신을 찬미합니다.

터크의 침착함, 품위, 용맹함, 유머, 욕구, 인내,

그는 언제나 '곁에 있어' 주었고

덕분에 우리는 더 나은 사람이 되었으며

서로를 더 사랑하게,

그리하여 당신을 더 사랑하게 되었습니다.

터크가 그립습니다.

상실감으로 인해 그를 기억하기를

두려워하지 않게 하소서.

그 기억이 가져오는 슬픔은

터크가 여전히 존재한다는 기쁨에 매이게 하소서.

우리가 그러하듯, 터크 또한 당신께서 지으신

영광스러운 피조 세계의 일부이자

당신의 나라를 가리키는 징조임을 확신하게 하소서.

아멘.

한 비극적인 죽음을 기리며[*]

사랑하는 주님
우리는 이웃이 삶에서 겪는 끔찍한 일들을
마주하려 하지 않습니다.
우리 삶의 비극성도 알고 싶어 하지 않습니다.
우리는 마치 두려워 할 일이 전혀 없는 것처럼 살다
오히려 두려움에 사로잡히고 맙니다.
당신께서 주시는 사랑으로
우리 안에 있는 두려움을 극복케 하시고
그렇게 서로에게 가 닿게 하소서.
자신도, 타인도, 당신도 두려워하지 않게 하소서.

스스로 목숨을 끊은 이들에게
당신의 은총을 내려 주시기를 기도합니다.
그들이 품었던 두려움을 우리는 모르며

그래서 그들이 홀로 죽음을
맞이했다는 사실이 두렵습니다.
그들은 이제 당신 손에 있사오니
그것만이 우리에게 위로가 됩니다.

그들을 사랑한 이들, 그들과 함께 했던 이들,
그들을 그리워할 이들을 위로하소서.
우리는 아무런 도움도 되지 못하나
다만 기도로 도울 수 있으니
기도라는 선물을 주심에 감사드립니다.
아멘.

삶이라는 선물

삶과 죽음을 주관하시는 주님,
당신 안에 우리의 삶이,
우리의 생명이 있음을 알게 하셔서
죽음에 대한 두려움에서 우리를 자유케 하소서.
십자가에 달리신 그리스도를 통해
우리의 죽음 역시 죽었으니
그분이 부활하셨듯
우리 또한 생명으로 일어나게 하소서.
당신의 사랑으로 그 생명이 온전케 됨을 압니다.
우리의 삶을 당신께서 주신 선물로
받아들이게 하소서.

우리는 권력을 사용해서라도, 폭력을 써서라도
이 삶을 완벽하게 보장받고 싶어 합니다.
그렇게 확실성을 구하며 다른 이들을 부러워하며
관심을 끌기 위해 애쓰지 않도록 우리를 도우소서.

우리는 두렵습니다.

남들의 주목을 받지 못하고 죽지는 않을까

두려워합니다.

그러나 그러한 삶은 기쁜 삶이 아니며

우리는 본래 기쁨과 생명을 누리기 위해

창조되었음을 압니다.

그러니 우리가 삶을 선물로 받아들이고 사는 법을

익히게 하소서.

우리의 존재가 타인에게 기쁨이 되게 하소서.

아멘.

예기치 못한 인연에 감사를[*]

은총이 가득하신 주님,

당신만이 홀로 절망을 소망으로 바꾸십니다.

당신께만 그런 능력이 있습니다.

그런 당신께서 우리에게 소망이 되는 사람들을

보내 주시니 감사합니다.

선물처럼, 그들이 제게 왔습니다.

당신의 나라는 진실로 풍요롭습니다.

이 풍요로운 나라를

이 안쓰러운 인간은 종으로 섬길 자격조차 없으나,

당신께서는 이런 제게 케시, 존, 마이크, 데이비드,

켈리, 로라, 게일, 크리스를 보내주셨습니다.

---

[*] 이 기도에는 내 수업을 도와 준 조교들에 대한 감사가 담겨있다. 그들은 답안지를 채점 해주었을 뿐 아니라 토론도 함께 운영해 주었다. 구성원이 매년 바뀌었기 때문에, 여기 미처 다 호명하지 못한 이들도 있다. 그들처럼 재능 있고, 사려 깊은 이들을 조교로 둘 수 있었으니 나는 정말 운이 좋은 사람이다. 이들은 나를 더욱 좋은 선생으로 만들어주었다. 이들 덕에 나는 홀로는 될 수 없었던 선생이 될 수 있었다.

이들과의 만남을 통해 당신께서는 우리 모두를
제가 바랐던 것보다 더 나은 사람이 되도록
빚으십니다.
제가 아는 바를 충분히 헤아리지도, 믿지도 못하는
제가 어떻게 누군가를 가르칠 수 있겠습니까?
그러나 당신께서는 그러한 기회를 주셨으니
이에 저는 감사드리며 겸손해질 수밖에 없습니다.

학기가 거의 끝나갑니다. 감사합니다.
은총을 내려주셔서
수업은 끝나지만 당신을 배우는 수업은
결코 끝나지 않게 해주소서.
아멘.

수업을 마치며

모든 시간과 공간의 주님,

이제 수업이 끝나갑니다.

우리가 함께한 시간과 공간을 주심에 감사드립니다.

당신께는 모든 끝도 시작에 불과하니,

우리가 함께 나눈 이 시간이

계속 우리 삶에서 살아 숨 쉬어

우리가 그렸던 시간을 넘어서는 시간으로

거듭나게 하소서.

당신께서는 우리의 앎 너머

우리 과거를 새롭게 하시고

미래를 놀라움으로 가득 채우시고

현재를 기쁨의 시간으로 만드십니다.

이 기쁨을 이 세상을 채운 절망에 대안으로 세우셔서

우리의 폭력보다 당신의 진리가 더욱 깊음을

세상이 알게 하소서.

아멘.

기도를 마무리하며

모든 생명을 지탱해주시는 주님,
당신의 영에게 속한 기쁨을 우리 삶에 부어주소서.
당신께서 당신을 알려 주셔야만
우리는 당신을 알 수 있으니,
당신을 바르게 알게 해 주셔서,
당신의 빛으로 우리 삶을 밝혀 주소서.
우리의 끝이 당신의 시작임을 보게 하소서.

꽉 막힌 우리의 문을 뒤흔들어 여셔서
고통을 두려워하지 않게 하소서.
고통을 통해서만, 고통을 익힘으로써만
당신의 뜻을 이 세상에 퍼뜨리는 사람으로
빚어져 갈 수 있으니
우리를 밀어붙이셔서 우리를 자유케 하소서.
당신과, 그리고 서로와 나누는
우정으로 일어나는 기쁨을 드러내게 하소서.
아멘.

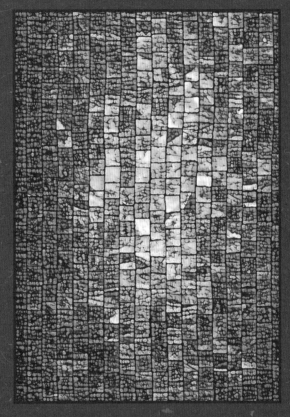

당신께서는 우리의 앎 너머 우리 과거를 새롭게 하시고
미래를 놀라움으로 가득 채우시고
현재를 기쁨의 시간으로 만드십니다.

기도란 다른 이들로 바쁘지 않은 대신 주님과 바쁜 것이
아니다. 기도란 1차적으로 무용한 시간이다. … 기도란 1
차적으로 그분의 임재 안에서 아무것도 하지 않는 것이
다. 기도는 유용해지지 않는 것이다. 그리하여 내 삶에
중요한 일이 벌어진다면 그것을 하시는 분은 주님이시라
는 사실을 스스로 일깨우는 것이다. - 헨리 나우웬

"기도란 1차적으로 무용한 시간이다." 우리가 종종 오
해하는 것과 달리 기도란 무언가를 이루는데 유용한 수단
도, 우리 소원을 이루는데 효과적인 도구도 아니다. 오히
려 "기도란 1차적으로 무용한 시간이다". 그러나 언제나

눈에 보이는 이익과 쓸모 있는 것을 찾아 분주하게 움직여야 하는 우리는 자주 저 소중한 "무용한 시간"을 놓쳐버린다. 애써 기도 시간을 확보하고서도 "다른 일로 바쁘지 않은 대신 주님과 바쁘게" 지내는 것을 기도라 오해하기도 한다. 그러나 헨리 나우웬의 말대로, 기도란 1차적으로 "쓸모 있는 존재"가 되려는 노력, 무언가를 이루려는 노력을 멈추고 잠잠히 그분 앞에 머무르는 것이다. 세상이 인정하는 사람, 유능한 사람이 되어야 한다고, 쓸모 있는 사람이 되어야 한다고 다그치는 목소리들에 귀를 닫고, 이를 위해 나름으로 했던 모든 노력을 멈추고, 다시 처음으로, 우리를 향해 말씀하시는 그분의 음성을 듣는 것이다. 기도란 1차적으로 그분의 임재 안에서 무용해 지는 것, 유용해지지 않는 것이다. 온 우주를 만드신 분께서 그분께 드리는 우리의 이 "무용한 시간"을 통해 활동하기를 선택하셨다는 것은 말 그대로 신비다. 이 신비를 우리는 결코 다 헤아릴 수 없으나, 그분은 진실로 우리의 기도를 통해 활동하신다.

그렇기에 우리 한 사람 한 사람이 드리는 기도는 상상 이상으로 중요하다. 기도는 우리 그리스도인들에게 주어진 너무도 소중한 선물이다. 문제는 이 선물을 누리는 것이, 기도를 "무용한 시간"으로 누리는 것이 말처럼 쉽지 않다는 데 있다. 이런 저런 일로 바빠서 시간을 내기도 어렵고, 겨우 시간을 내어 기도 하는 중에도, 그 시간에조차 나 자신에게 갇히곤 한다. 내 바람, 내 소원, 내 생각에 파묻힌 채 그 시간을 보내 버리기 쉽다. 그렇게 해서는 안 된다고, 그것은 기도가 아니라고 말하기는 쉽지만, 어떻게 기도해야 한다고, 무엇이 기도라고 말하기는 어렵다. 제자들이 주님께 기도를 배워야 했듯, 우리 모두는 무엇이 기도이며 무엇이 기도가 아닌지를, 그분을 따라 기도하며 배워나가야 한다. 기도라는 선물을 받는 법을 우리는 배워야 한다. 우리의 기도가 그분의 기도가 되고, 마침내 우리가 그분의 기도가 되기 위해서는 끊임없는 '배움'의 과정이 필요하다. 성경에 나오는 기도들, 전통에서 축적된 기도들, 그리고 신실한 그리스도인 형제자매 그리스도인들의 기도들을 본으로 삼아 함께 기도하는 법을 훈련하는 이유도 바로 여기에 있다

『신학자의 기도』는 스스로 "기도를 잘 하지 못한다"고 고백하는, 그래서 여느 그리스도인처럼 기도를 배워야 했던 신학자 스탠리 하우어워스의 기도들을 엮은 기도집이다. 신학자로서 강의를 열며 드린 기도가 주를 이루지만

그의 기도는 학교 안 상황에만 국한되지는 않는다. 학교 안팎에서, 또 살아가며, 그와 그가 속한 공동체가 경험하는 여러 일들이 기도의 배경을 이룬다. 미국 역사에 대한 반성, 현 정치 현안, 주변 사람의 죽음, 유명인의 죽음, 학생의 자살, 자연 재해, 현대 문명의 문제, 기르던 고양이의 죽음에 이르기까지 일상에서 일어나는 크고 작은 일들, 그 속에서 일어나는 감정, 생각, 물음이 모두 그의 기도가 되었다. 그렇기에 이 기도서에는 구체적인 삶이라는 정황 속에서 그가 느낀 기쁨과 환희뿐만 아니라 슬픔과 두려움, 때로는 그분을 향해 들게 되는 원망과 곤혹스러움, 좌절감까지가 고스란히 담겨 있다. 그는 이 모든 기도를 일상적인 언어로 때로는 다소 도발적인 질문을 담아 기록했다.

그가 유난히 '일상적인 언어'로 기도드렸다는 것을 강조하는 데는 (이 책의 원제는 '평범한 말로 드리는 기도'prayers plainly spoken다) 이유가 있다. 그는 신학자가 기도를 드릴 때 빠지기 쉬운 유혹(기도를 사유 실험의 장으로, 학적 역량을 과시하는 도구로, 논쟁의 장으로 삼고 싶은 욕망)에 대해 잘 알고 있었던 것이다. 그는 이 유혹을 경계했으며 그렇기에 오히려 가장 일상적이고 평이한 말로 기도하려 했다고 밝힌다. 그의 평이한 언어 이면에는 주님과 함께하는 "무용한 시간"에 조차 쓸모를 찾는, 그 시간까지를 활용해 '나'를 채우려는 성향에 대한 끊임없는 경계와 반성이 있다. 또 이 세상에 오신 예수 그리스도를, 그분의 십자가와 부활이 만들어낸 새로운 질서를 따른다고 고백하면서도 그에 합당하게 살지 못하는 우리의 모습, 무너진, 혼돈스러운 세상에 대한 통렬한 비판이 자리하고 있다.

그렇기에 이 책은 '한 그리스도인의 기도'이면서, '신학자의 기도'이기도 하다. '한 사람의 그리스도인'으로서 그는 개인적인 감정과 생각을 기도하나, 기도가 본래 그리해야 하듯 그의 간구는 개인에게서 그치지 않는다. 이 '신학자의 기도'는 그의 기도인 동시에 '우리'의 것이며, 궁극적으로 우리에게 기도라는 선물을 주신 그분의 것이다.

그는 이 "무용한 시간"을 향한 분투를 책으로 출간하게 되면 자칫 그 본질(이 기도가 궁극적으로 그분의 것이라는 본질)이 흐려질까 우려했다. 그가 겸연쩍어하며 이 기도서를 출간하기를 끝까지 주저 했던 이유도 그 때문이었던 것 같다. 하지만 그는 결국 기쁜 마음으로 소망을 담아 이 책의 출간을 결심했다. 그리고 자신의 손자에게, 또 독자들에게 자신이 줄 수 있는 최고의 선물이 아마도 이 기도들일지 모른다고 그는 고백한다. 이 "무용한 시간"을 향한 분투가, 기도가 그의 모든 신학 작업의 중심이며, 궁극적으로 가장 유익한 일, 최고의 선물임을 믿는 마음으로 그는 이 기도서를 세상에 내 놓았다. 이제 그 선물을 받아 누리는 것은 기도서를 읽는 우리의 몫이다.

이 작은 기도서가 "그분을 보호해 드려야 하는게 아닌가" 하는 걱정 없이, 우리의 모든 어리석은 말을 기꺼이 듣고자 하시는 그분께 기꺼이 나아가는데, 무용한 시간을 향한 분투에, 작은 용기를 더해 줄 수 있기를 기도한다. 이 기도서와 함께 모든 기쁨과 슬픔을 기도로 올려 드리는 모든 분에게 주님의 평화가 함께 하기를!

대림을 기다리며

정다운

신학자의 기도

초판 1쇄 발행 | 2018년 12월 5일
　　 2쇄 발행 | 2019년 9월 11일

지은이 | 스탠리 하우어워스
옮긴이 | 정다운

발행처 | ㈜타임교육
발행인 | 이길호
편집인 | 김경문
편　집 | 민경찬 · 양지우
검　토 | 방현철 · 손승우
제　작 | 김진식 · 김진현 · 이난영
재　무 | 강상원 · 이남구 · 진제성
마케팅 | 이태훈 · 방현철
디자인 | 민경찬 · 손승우

출판등록 | 2009년 3월 4일 제322-2009-000050호
주　소 | 서울시 강남구 봉은사로 442 75th Avenue 빌딩 7층
주문전화 | 010-9217-4313
팩　스 | 02-395-0251
이메일 | innuender@gmail.com

ISBN | 978-89-286-4415-5 03230
한국어판 저작권 ⓒ 2018 ㈜타임교육